悩むことに
悩まなくなる、
たったひとつの方法

園田友紀

牧野出版

はじめに

私はかつて、生きるのに疲れるほど多くの悩みを抱えていました。

「人は何のために生きるのか？」

その答えを求める思いは、知りたいといったレベルを超えてもはや渇望となっていました。

そんな折にある霊能者と出会いました。有名無名を問わず、霊能者と名乗る方はけっこういらっしゃいますが、「本物」と確信できた方です。

この方は、ダイビングを趣味とし、そして海外の海の底に残されたままの、まだ成仏されてない兵隊の霊をあの世に送る活動をライフワークとされています。全国各地から呼ばれて見えない世界についての講座も行っています。これらは、あくまでもボランティア活動です。

また、企業からは新技術や今後の会社の方向性などの相談を受けたり、大学の研究者からは研究に行き詰まった際のヒントやアドバイスを求められたりもしています。

たとえば「地球環境にも優しい次世代の燃料とは、どんなものがよいですか？」「新素材を開発しているのですが、成功させるために、あとはどんなものが必要かご教授願えますか？」というように、さまざまな質問をされるそうです。

そんなとき、答えを知っていても、直接答えを教えることはせず、その方々が答えに自らたどり着けるように導きます。それが質問者ご本人のためであり、地球のためであり、自然に世界が発展していく流れを乱さないためだからです。

私はこの霊能者の方に、数々の疑問をぶつけ、霊界の仕組みなどいわゆるスピリチュアルの世界についてさまざまなことを教えてもらいました。

その結果として、いつしか気がつけば悩むことに悩まなくもなっていました。悩むことは全てのはじまりかもしれませんが、そのことに囚われることなく解放されたといっていいでしょう。

本書は、私がこの霊能者の方から教わったことを一冊にまとめたものです。全てお伝えすることは不可能ですが、重要なところはしっかり記すように心がけました。

この本を読んだあなたもまた、私と同じように悩みや苦しみから解放されることを願っています。

悩むことに悩まなくなる、
たったひとつの方法

目次

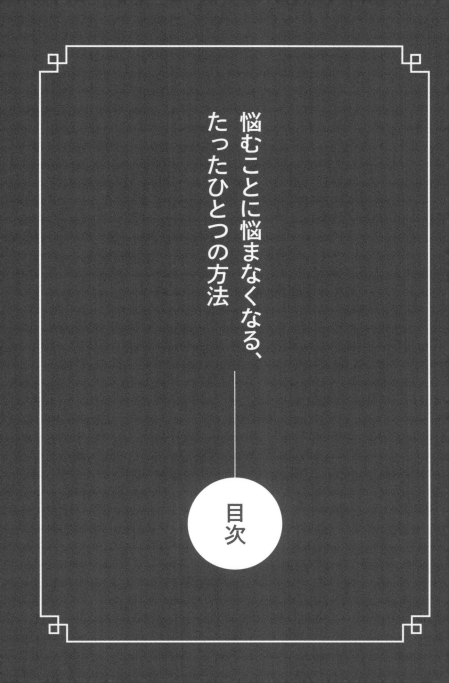

第二章　見えない世界は誤解されている

第三章　あなたがよりよく生きるために

第四章　見えない世界の法則を知って現実に活かす

悩むことに悩まなくなる、たったひとつの方法

第一章

この世とあの世のしくみとは？

プロローグ　私たちはどこからやってきて、どこへ行くのか？

人と人は、出会うべくして出会っている。

家族、親戚、恋人、親友、友人、職場の仲間・先輩、地域で挨拶を交わす仲、嫌いな人、苦手でウマが合わない人、喧嘩別れした人……。この出会いの不思議について、全てが偶然のものと思えなくなりました。それにはあるきっかけがありました。

ずっと輪廻転生はあると思っていました。でも納得できる理屈をもとに明確に説明してくれる人は今まで誰もいませんでした。自分でも調べたり、勉強したりはしたけれど確信を持てる根拠を見出すことはできませんでした。だからこそ私は、ずっとそこが知りたいと思っていました。でも強く願っていればいつかは叶うものですね……。やっとそんな人に出会うことができたのです。

その方が、S爺（仮名）です。

私はS爺に出会ってから本当に輪廻があることを確信しました。今ここに生きている「私という存在」のうちに、この真理を知ることができて本当に私は幸運でした。

これから私がS爺から教わった心理についてお話ししたいと思います。

人類のアーカイブ

生まれ変わっても私がこの本にまた出逢えるように……

幸運にもS爺と出会ったおかげで知りたかったこと全てを、今は知ることができました。これらは、今世だけで消滅してしまったら、私個人だけではなく、人類全体にとっての損失だと言えるくらい極めて重要な知識です。そのため今の私として生きているうちにS爺の話を記録しておかなければという使命感に駆られました。

それならば本にしようと思いました。本であれば国会図書館に所蔵され、遥かな時を超えても残ることができるから。

いわばこの本は全ての真理が納められたタイムカプセルです。

人類にとって重要なアーカイブです。

もっと言えば、S爺からの教えを私だけが知っていてもダメなのです。この本を開いたあなたにはもちろんのこと、まだこの本に出逢えていない全ての方にも知ってほしい貴重な真理ばかりですので、最後までしっかり読んでいただくことが私の願いです。

変化は一人の意識から始まります。きっかけはごく些細なことから始まります。

その小さな一歩一歩を積み重ねることでしか、大きな変化は起こらないと思っています。そのカギを握っているのは、あなたの行動のみ。小さなことでいいから、より良く生きるように心がけましょう。

そうすればきっと世界は変わるはず。

それが今世のうちに起これば、何よりも素敵なことです。

きっと私たちにはできるはず！

S爺との出会い　笑顔がすべてを物語る

S爺と初めて出会った時のこと、今でも覚えています。

「友紀ちゃん、はじめまして」

日に焼けたお顔に深く刻まれた笑いジワにお人柄が滲み出ています。第一印象どおり、満面の笑みでS爺は冗談ばかりを言って和ませてくれました。

実は、大変に凄い方だとは知っていたので会う前はとても緊張していたのですが、会った瞬間、緊張感は全て吹き飛び、私は笑うばかりでした。本当に凄い方って、いっさい偉そうな態度は見せず、むしろ普通の人みたい！　と感じるものです。

最初にS爺から教わったのは、意外にもスピリチュアルや霊界の話ではありませんでした。大切でありながら、分かっているようで分かっていない核心を突いたお話でした。

さて、ここからはS爺からの語りとして、語り手をS爺にバトンタッチします。私はまたこの本のエンディングで登場します。あの時と同じようにS爺からあなたにも語りかけてほしいからです。私が味わった驚きとワクワク、ドキドキをあなたにも追体験してほしいと思います。

さぁ、ここからはあなたが主役です。

相手への最高の贈り物は？
簡単に行動で示せる「愛」の表現のしかた

はじめまして、S爺です。

あなたは、愛って何だと思いますか？　あなたの大切な人には、愛を表現したいと思いますよね。しかし「愛」は人によって捉え方が違うことが多々あります。だから明確に定義できなさそうに思いがちです。でも違うんですよ！　実は誰にでも間違うことなく愛を表現できる方法があるのです。それは何だと思いますか？

ただ「笑顔」を見せることです。

「幸せにあふれた家庭を作りましょうね」と言っても、「幸せ」の定義がまた人によって変わってきます。でもこれならどうでしょう？

「笑顔にあふれた家庭を作りましょうね」

これなら愛にあふれている姿を誰もがそれぞれの形で想像できると思います。夫婦関係でも親子関係でも、家族でも、友達でも、相手に「愛」を伝えたかったら笑顔を送ることです。それが何よりも最高の贈り物です。

発展途上国の子どもが、貧困であることなど微塵も嘆いていないかのような素敵な笑顔をした写真を見たことがありますよね？　あんな写真を見ると誰もが愛を感じます。それと同じですよ。

苦しい顔をしていたら、愛は伝わりません。だから、誰かに「愛って何ですか？」と聞かれたら「笑顔です！」と答えてください。笑顔で「ありがとう」と言うだけ。これが愛を示す最高の方法です。

こんな風に、誰もが納得できることが「真理」なんです。

会っていきなりですが、大事なこと言いますよ！

あなたが嘘に騙されない方法は……、誰もが納得できること、理解できること、体感できること、辻褄が合うこと。これが真実です。分からないことをそのままにして鵜呑みにしないこと。分かるまで徹底的に質問すること。これ以外に、嘘と真実を見分ける方法はありません！

スピリチュアルの世界にはいろんな人がいます。本物もいますがニセモノがどれだけ多いことか……。だからこそこのことが分かっていなければ、ニセモノに簡単に騙されて身ぐるみ剥がされてしまいます。

あなたは霊能者を目の前にした時、思考停止して全てを信じていませんか？

間違いばかりだった霊の世界

人は亡くなった後、どうなってしまうのか？

霊能者という言葉をマスコミで耳にする機会が年に何回かあります。例えば、最近では少なくなってきましたが、心霊現象番組や不思議モノを扱っている番組です。

テレビを観ていると、ＭＣとアナウンサーとコメンテーター数名と霊能者なる人物が出演して、心霊写真やいかにもオドロオドロしく構成された再現ＶＴＲを観ながらそれぞれに発言しています。

上手に素直に怖がるタレントやアナウンサー。したり顔で話をするタレントや知識人と言われている人。それを懐疑的に見て論評する科学者。そして、真打の霊能者。これは一般視聴者がそれぞれの立場から見て自分の意見の代弁者であるかのように構成されています。視聴者に含まれないのは霊能者だけです。

ＭＣが不思議な話や怖い話を提供して、出演者それぞれの立場からコメントを行い番組が進行していきます。さらに番組が進んで、背筋も凍るような恐怖感・緊張感が盛り上がったところで……。

ガタン！

スタジオの中から何かがぶつかったり、倒れたような音、何かが落下したような音が突然鳴り響きます！　スタジオは悲鳴で埋め尽くされ、恐慌状態です。

さて、ここからが霊能者の本当の出番です。

「このスタジオには禍々しい悪霊がいます」と発言し、スタジオを恐怖のどん底に叩き込みます。それから、霊能者が何か呪文を唱えたり、霊を払う儀式を行いその場を収めます。

そこで疑問です！

霊能者たる人は、スタジオにいて、霊の存在に気付かなかったのでしょうか？

もし霊がいるのなら、なぜ、事前に被害が出る前から関係者と話して、スタジオを問題の無い状態にしなかったのでしょうか？

それとも、番組を盛り上げるためには、どのような被害が出るか分からないけれど、視聴率を優先し、犠牲者が出ても構わないと考えているのでしょうか？

それとも番組を盛り上げたいがために、恐怖心を煽るために、ワザと音を出したのでしょうか？

お互いのために出来レースを繰り広げているのでしょうか？

テレビとは視聴率をたくさんとることが大きな命題ですから仕方がないのかもしれませんね。そもそも近年は批判や炎上を恐れてこういった番組が無くなってしまいましたが。

コメンテーターは名前が売れたタレントさんを起用し、安い費用で出演してもらえてリアクションが良ければＯＫ！　コメントの内容なんて、どうでも良いのですから……。

あとは、心霊体験のあるタレントさんの経験談が番組に花を添えます。そして必ず、霊能者なる人が悪霊という言葉を使います。

「悪霊」怖いですね〜……。またここで疑問です！

悪霊とは何でしょう？

悪霊がいるのなら良い霊もいるのでしょうか？

なぜ悪霊なのでしょうか？

もしそれを悪霊というならば、誰彼構わず障りをもたらす存在ということになります。個人に恨みを持ち、その人に意地悪している人を悪人と呼びますか？　生きている人で誰彼構わず悪さをする人がいるでしょうか？

稀に、無差別に人を傷つける人がいます。彼らはなぜそのような行動に走るのでしょうか？　多くの場合が自分のコミュニケーション不足が原因で、不確かな妄想から自ら勝手にストレスや怒りを溜めてそのような行動に走るケースがあります。また薬による幻覚がもたらした恐怖心が原因となって無差別殺人などに走ることもあります。

霊は何のために霊の世界に帰らず、現世に留まることを決めたのでしょう？

多くの場合は、「大好き」「守りたい」「憎い」などの恨みや嫉妬の執着心が極端に強い状態で亡くなって、この世に執着した方が残るのです。要するに対象者がいるということです。稀に、自分が死んだことを認めない人もいます。

あなたは、愛している人を他の人と共有したいですか？　憎い人が幸せな状態を許せますか？　人は亡くなって肉体を無くしても、その思いは生きていた頃と何も変わりません。生きている我々と思っていること、考えていることは同じなのです。ただ使わなくなった肉体から魂が離れただけなのです。

亡くなると、実際はどういう感覚になっているのか知りたいと思いますよね？

人は亡くなっても、今生きているあなたが今ここに存在を感じている感覚と同じなんです。ただ肉体が無くなって見えないだけ。魂としては、生きている時と変わらず自分として存在しているのです。死んでもあなたは消滅しないのです。この世に残っている間は、亡くなった方から生きている人はきちんと見えているのです。厳密に言えば、肉体は無いのですから眼で見ているわけではありませんが。視覚ではない感覚で見ています。

肉体が無くなるということは脳も無くなるということ。つまり霊体に刻まれた前世の記憶を妨げているものが無くなるのです。亡くなって、霊界に帰ると前世の記憶の封印が解かれて記憶が復活します。前の世だけでなく全ての輪廻転生の記憶を思い出します。生きている時は脳があります。脳があることによって前世の記憶は忘れているのです。しかし、たまに前世の記憶が残っている人がいます。その人は、脳と霊体の記憶がリンクできて前世の記憶を脳に引き出すことができるということです。

ということからも、全ての記憶は脳だけでなく、霊体にも刻まれて亡くなった後も残るということです。今世の記憶は脳と霊体に刻まれ、前世の記憶は霊体のみに刻まれ残っています。だから今どう生きるかが非常に大切なのです。それも霊体に刻まれあの世に持っていくのですから。誰のためでもなく来世の、またその来世の自分のために、今のあなたの「在り方」ってとても大切なんです。

赤ちゃんとして生まれる時、産道を通る際に頭を締め付けられるショックで、前世の記憶を忘れてしまうという説がありますが、あれも誤りです。あくまでも脳は生まれてくる時はゼロです。もしそうだとしたら、帝王切開で生まれた赤ちゃんは全員前世の記憶が残っているはずです。でも残っていませんよね?

一つの細胞から受精して細胞分裂を繰り返し、勾玉のような形から、魚のような形になり、人となり、全ての肉体も脳も新しくできたものですから完全にリセットされた状態でデータはゼロです。前世の記憶も脳にはありません。

ただし、前世の記憶は霊体（魂）に刻まれて残っているのです。生後間もなく経ってからも、大人になってからも人によって得意なこと、不得意なことがありますが、これは前世での経験から得意不得意の違いが出るのです。脳自体はどの人もゼロからのスタートですから、同じ歳ならなおさら違いはないはずなのに生まれつき得意不得意があるということは霊体の記憶が存在する証明と言えます。少し話が脱線しました。

霊能者の発言には、「亡くなったあなたの親御さんや先祖があなたを守っている」という言葉を発する人がいます。どうやって守っているのでしょう？　親御さんやご先祖様がいつもあなたにくっついて守ってくれているのであるなら、その方々はまだこの世にいて成仏していないことになります。

人は亡くなると、霊界に行くまで50日間この世に残れる猶予があります。10日ほどで行く人もいれば、ギリギリまでお世話になった人達へお礼に行って後悔なく50日目で行く人もいます。

でも、人は自分の力であの世に行くことはできないのです。この世からあの世に連れて行く「エネルギー体」が霊界から迎えに来て待ってくれているのです。このエネルギー体が何なのかは後でまた説明します。

もし未練や恨みがあって、50日経っても亡くなった人が「霊界に行かない」と霊界から迎えに来たエネルギー体に伝えれば、そのエネルギー体は亡くなった人をそのまま残して行ってしまいます。後になって、やっぱり霊界に行きたいと訴えても、もう二度とその方を迎えに来ることはありません。永遠にこの世に霊として留まるしかなくなるのです。それはとても不幸なことですね。生まれ変わることもできないのですから。

ここで大切なことをあなたに伝えたい！　自殺は持ってのほかです！　自ら命を断てば霊界から迎えに来ないどころか、その死ぬ時の瞬間の痛みや苦しみをこの世で永遠にループして苦しみ続けます。ただただ永遠に繰り返すだけなのです。

肉体は無くても、魂としてはそのまま存在し続け、断末魔を絶え間なく繰り返すのです。痛みは生きている時と変わらず全く同じ痛みです。これが一番の地獄ではないでしょうか？　このことからも決して自殺はしてはいけないのです。

輪廻転生があるのだから、今のこの世の辛さから逃げ出して、来世で生まれ変わって一からやり直したいと自殺する人は思うのかもしれませんが、それが大きな間違いです。自殺したらもう二度と生まれ変われません。来世でやり直すこともできないのです。

だから、どんな辛いことがあっても逃げずに寿命は全うしないといけないようになっているのです。しつこく言いますが、自殺したら霊界に行けないので、もう二度と生まれ変わることもありません。どんなに辛い出来事もあなたの成長のためにあるのですから、乗り越えてほしいのです。

先ほどの霊能者の「亡くなったあなたの親御さんや先祖があなたを守っている」という発言ですが、あなたの親御さんやご先祖様が仮にあなたを守るためだとしても、永遠にこの世に留まって、成仏もできず、生まれ変わることもできずにいたとしたら嬉しいですか？

強力な恨みや未練が無い方、普通に幸せに暮らした方であれば、ほとんど安心して成仏し、霊界に帰っています。病気の痛みで苦しんで亡くなったとしても、亡くなれば肉体は無いのですから痛みからも解放され、安らかで穏やかな魂となっているのです。まさしく仏様と言えます。

ですからほとんどの場合、あなたにご先祖様がくっついて守っていることはないのです。少し寂しいようにも思うかもしれませんが、それが亡くなった方の幸せでもあるのです。また生まれてくるためにあの世に戻っているだけです。来世の生まれ変わりの準備をしている。これが成仏というものです。

霊は存在するのか？ 目に見えないからといってそれは存在しないのではない

一般的に「霊は特殊な能力がある人にしか見えない」と言われていますが、実はほとんどの人が霊を見ています。人間は「肉体」と「霊体」という粒子の集合体が合わさって一人の人間になります。肉体は「物質」を認識できます。霊体は「エネルギー」を認識できます。と言われてもピンと来ないかもしれません。

S爺つまり私が、見えない世界の話をする時は「霊能者の言うことは鵜呑みにしないように」と言っています。S爺はあなたが本当に理解しているか分からないのだから、あなたが理解できるまで説明してもらうべきだと。当然、「S爺の言うことも鵜呑みにするな」と言っています。見えない世界って、実は誰にでも分かる世界なのだとも言っています。

どうすれば分かるのでしょうか？　霊体は霊体を認識できるのですから、誰でも持っている霊体で霊体などを認識できるのです。

空気は目に見えますか？　見えませんね。そうです！　目に見えません。では、手で触ることができますか？　触った感覚がありますか？　空気は触っても感覚はないですよね。

では、霊体は見えますか？　見えませんか？　多くの方が見えないと思っています。

手でモノを触って認識できるように、物質は物質を認識することができます。意識のあるエネルギー体は、同質のエネルギー体を認識することができます。実は多くの方が霊体を認識しているのですが、どういうことが認識した証拠かということが分からないだけです。

例えば、誰かと話をしていて、横を他の誰かが通ったような気がして、振り向いたら誰もいなかったという経験がありませんか？　これが実は、霊を認識している証拠なのです。

人間の視野は約１７０度あります。この視野には「意識の視野」と「無意識の視野」というのがあるのをご存知ですか？　意識の視野とは「前にならえ」をした幅より少しだけ手のひらの間隔を広げたくらいを「意識の視野」と言います。この幅は人によって変わります。

一方、１７０度の視野の中から「意識の視野」を除いた部分を「無意識の視野」と呼びます。

「意識の視野」とは、人間の目から入った情報だけを脳が処理して見せるのです。「無意識の視野」は目から入った情報と、霊体が認識した情報を同時に処理してしまうのです。目から入る情報のない後方は霊体が受け取った情報のみで脳が処理します。当然、耳から入った情報も脳が同時に処理します。だから、誰でも霊を視る（認識）することができるのです。このように特別な能力者のみに見える世界ではないのです。

私のような霊能者から霊はどんな風に見えているか気になりますよね？　心霊番組の再現映像のように半透明で見えているのか？　怪談にもあるようなので足がない状態で血だらけの恐ろしい姿で見えているのでしょうか？　しかし、あくまでも見える人によって見え方は違いますのでこれ一つしかないとは言えないことは前提として認識しておいてください。

普通の人は視界から入る光学的な情報を脳が処理して映像化して物を見ています。黄色い花自体が黄色いものではなく、七色の光の中から黄色だけを反射する情報が視覚に入って、脳が黄色として受け取っているから黄色に見えているにすぎません。これに赤い光を当てれば赤い花になります。こういった風に本当は、色や像というものはあやふやです。見たものは鵜呑みにできないのです。

一方、私が霊体を見る場合は、視覚からの情報で霊を見ているわけではなく、私の霊体から霊を見て、その情報が脳に入り、それを脳の中で映像化して見ています。仕組みは視覚からの情報処理と同じです。もう一つの霊体で感じる視覚的な別の情報が入っていると思ってください。ただ、他の人にはそれができないので見えないだけです。

霊体は、自分が見せたいように相手に姿を見せることができるので、若く美しい頃の姿になったり、亡くなった時の年齢や、幼い頃の年齢の姿になることもあります。またエネルギー体のままの球体で見えることもあれば、顔だけの時もあります。見える時は半透明ではなく、生きている人と同じようにリアルにそこに存在しているように見えています。

しかし、普通の方は、こういった風に見えることはありませんが、誰にでも感じることができるのが「今何かがそこをよぎったかな？」という時です。何かの気配を感じた時、はっきりは見えないけれど何か見えたような気がする時、それが霊体が見えた時です。これが「無意識の視野」で霊を見ていたということです。

赤ちゃんが誰もいない方向を向いて、誰かを見ながら笑っているようなことがたまにあ

ります よね？　よく赤ちゃんや子どもの時は霊体が見えていることが多いと言われます。まだ子どもは前頭葉が未発達ですから、無意識の視野を邪魔しないために霊体が見えることはあるのです。

肉体と霊体魂って何？ どこからやってくるのか？

この世のあるゆる物質の最小単位は「素粒子」です。陽子、中性子、電子などの素粒子はあなたも物理学で習った記憶があると思います。これ以上小さな物質はこの世に存在しないということが常識となっていたのですが、素粒子よりも小さな物質が存在することが科学的に証明されました。スーパーカミオカンデと呼ばれるニュートリノ観測装置で素粒子よりも小さな物質であるニュートリノの存在が計測され、ニュートリノに質量があることが観測されたのです。

魂とは素粒子よりも、もっと小さな粒子の集合体です。魂（霊体）は物質世界の最小単位よりも小さい物質でできているから壁やガラスやコンクリートも通り抜けることができるのです。素粒子よりも細かな物質で構成されていますからもちろん私たちの目には見えません。

先ほど魂は素粒子よりも小さな粒子の集合体と言いましたが、それは風船の中にチッソを充填させたようなものです。水滴を思い浮かべて頂いても構いません。水滴もH_2Oの集合体ですから。ひとつの水滴がひとつの魂とも例えられ、そのような無数の水滴が集まって一つのまとまった水になっているのが霊界と想像してもらえればイメージできるかと思います。ギチギチに隙間なく凝縮して集まった水になっていますが、その中のひとつの水滴は自由に水の中を自由に移動できるといった感じです。

その粒子の塊に意思があるのです。意識を持った水の塊のようなものです。それが霊体なのです。本来は形の自由なものです。形が自由だからこそ3次元で一番安定した形である球体になったりします。これを見た昔の人が、人魂や火の玉などと呼んだのです。

球体だけでなく、ある時は生きている人に分かるよう生前の姿となって見せることもできます。ただし、その人が見せられるのは亡くなる年齢までの姿です。例えば30歳で亡くなった方は、自分の70歳の姿は知りませんし、想像もできませんから70歳の姿で現れることはできないのです。30歳までの自分の思い入れが強かった年齢の姿で現れることが多いです。

このエネルギー体と言われる存在は、人間だけではありません。神や仏と呼ばれる存在や、動物や虫や妖怪や悪魔や魔物と呼ばれる存在です。よく伝承話や絵などでその姿・形は表現されていますが、あのような姿をした存在ではなく、形のないエネルギー体の種類に神や悪魔というものがあるのです。

しかし、人間と存在する場所が違います。例えば、この世にいる人や動物や昆虫は同じ場所に存在していますが、神などのエネルギー体はそれと違って、場所や次元を自由に行き来できます。それはなぜか？　ゼロ次元という次元の外、別空間に存在しているからです。1次元~5次元とは全く違う別の空間に存在する「次元がない世界」のことをゼロ次元と言います。神や魔物などのエネルギー体は私たちの次元とは異なる世界にいるからこそ、全ての次元にいけるのです。ある次元にいるのならその次元以外に行けません。そういった別空間にいるエネルギー体が存在して3次元にも行き来しているのです。

ここで次元の話に少し触れておきます。私たちは「面の世界」に「高さ」がある立体の世界である3次元に存在しています。高さという概念は2次元の世界には存在しませんので、2次元の人にとっては理解も想像もできません。同じように私たちは4次元の世界を理解することも想像することもできないのです。よく4次元はこれに時間が加わったなどと誤った解釈がされていますが、それは間違いです。時間の概念はこの3次元にもありますから4次元ではありません。

念のため4次元とはどういうものか説明しておきますが、縦×横×高さが交わる点の内側の奥に向かう方向が4次元です。しかし、こう説明しても交点の中に向かう方向があるとは、どうなっているか理解もできないはずです。3次元にいる私たちには交わる点の内側と言われても3次元を基本とした考えしかできませんので想像できないのです。

このような3次元以外の次元が存在し、これらとは全く異空間である次元がない世界もあるのです。そういった次元がないゼロ次元に存在するエネルギー体が神や悪魔なのです。

神や仏や悪魔や魔物は、物質世界で肉体を持たない存在です。妖怪は物質世界の中で生まれたエネルギー体です。妖精も同じです。

人間の魂も自由に別の空間に行き来できる存在のように思うかもしれませんが、それはできません。あの世にいくためには死神に連れていってもらうしかなく、この物質世界の法則に縛られているエネルギー体です。あの世に行けば、物質世界の縛りからも解放されますが、この世に残っている間は移動も人に憑いて移動する方法が一番楽なのです。

人間や動物や虫には魂があります。これらは、肉体と霊体が合わさって存在する種類です。神・魔物などのエネルギー体だけでは生産性がありません。その代わりエネルギー体には肉体がない故に死もありません。死の代わりにあるのが消滅です。死には再生が将来的に行われますが、消滅には次が無いのです。人間や動物のように肉体から魂が離れることが死ですが、魂は残ります。消滅は魂自体が無くなることですから本当に消えるのです。

全ての宇宙、全ての次元に存在する生き物の魂は同じ霊界から出てきたモノです。しかし、同じところから出て来ているからといって、どの種類にでも生まれ変われるのではありません。

大きく分類すると、ヒューマノイド、動物、昆虫に分かれます。この3種類が入れ替わることはありません。今世での行いが悪ければ来世は動物や虫に生まれ変わるという戒めを耳にしたことはあるかと思いますが、それは絶対にありません。人間が動物や昆虫に生まれ変わることはなく、人間を含むヒューマノイドにしか生まれ変わらないように決まっています。

ヒューマノイドとは地球に住む人間や、他の星や他の次元に存在する知的生命体のことです。他のヒューマノイドと言われる存在もやはり人間と近い姿をしています。私たちは猿に近い形をした祖先からこのような姿に進化していますが、トカゲのような生き物を祖先としてヒューマノイドになった知的生命体もいます。高度な知性を持つと脳は大きくなり、立って2本足以上で歩くという同じような形に落ち着くようになっているのが知的生命体です。まさにデザインと言えますが、機能を最適に活かす形態がこの人間に近い姿なのです。つまり人間以外のそういった知的生命体は地球以外にも、3次元以外にも存在するということです。ただ出会うことができないだけ。

なぜ人間が動物や昆虫に生まれ変わらないかといえば、魂の構造が違うからです。まず、ヒューマノイドは、可哀そうという感情のもとに、弱いものを助けようとします。相手が大人であっても動物であっても虫でも植物でも慈悲の心をもって助けようとします。時には他者を助けるために自分の命を投げ出すことさえあります。これは動物にではできません。しかし、その反面自分の快楽や利益のために他者の命を奪うこともあります。

動物は自分の食欲や家族の「食欲」のために他者の命を奪います。昆虫は自分の「生存本能」に従って活動します。これが動物や昆虫の本能の奥にある欲であり、それに突き動かされるだけしかありません。

この違いがあるせいで、3種類の生き物はその垣根を超えることができないのです。

死とは消滅や無なのか？ 存在できるのか？

先ほど生きている人は、肉体と霊体の二つが繋がり一体になることで生きているとお話ししたことを思い出してください。細胞分裂の回数には上限がありますので最大でも約125歳までしか肉体は維持できないと言われています。このように歳を重ねて高齢になって肉体が古くなったり、また生命を維持できなくなるほどの病気や大怪我などで肉体が維持できなくなれば、肉体から霊体が離れます。これが死なのです。

しかし霊体は変わらず今のあなたのまま存在します。人は死んだ瞬間、体重が5グラム軽くなるという説がありますが、それが霊体の質量と思ってください。

生きている間は、霊体と霊界がパイプで繋がっていて、少量ずつではありますが常にエネルギー補給をされています。これは毎日の睡眠時に補給が行われ、起床時には満タン状態で1日活動できる分のエネルギーで満たされています。だから寝不足だったり、徹夜明けは体がきついのです。霊体のエネルギー補給が充分に行われていないことがこの理由です。睡眠は肉体や脳を休めるだけでなく、実は霊体へのエネルギー補給という重要な役目があるのです。

生きている人間は、肉体のエネルギーと霊体のエネルギーが空っぽにならないように食事と睡眠から補給しているのです。亡くなれば肉体も無くなりますので、あの世に行くまではエネルギー補給ができないため、生きている誰かに憑いてエネルギーを得なければ存在できなくなります。霊体は食べたり飲んだりすることができません。しかし、エネルギー補給は必要なのです。そうすると、守っている人やその周りの人からエネルギーを奪うのです。だから取り憑くという現象が起きるのです。

このように、この世に残った霊体はエネルギー補給をしなければなりません。彼らがエネルギー補給するには、同種のエネルギーが一番良いわけです。ということは生きている人からの補給しかありません。人が居ない場所では、自然界の陽のエネルギーを吸収します。つまり陰陽の「陽」からです。しかし、その状態では存在し続けるだけでいっぱいいっぱいです。霊体が活発に活動するためにも人からのエネルギー補給が一番なのです。

また、肉体と霊体が切り離された死という状態になった時に霊界からエネルギー補給するためのパイプが切断されてしまいます。何故切断されるかというと、霊体になった時にこの世に残らず霊界に行く決断を促すためです。

もし、この世で肉体で無くても霊体としてエネルギー補給できて存在できるのなら、あの世よりこの世のほうがいいと言って成仏しない人が出てくるため、そうならないようにできているのです。

霊界に行けば、常にエネルギーに満たされています。食事をしなくても、睡眠をとらなくても、人に取り憑いてエネルギーを得なくてもいい状態になります。こうして来世でまた生まれ変わるためにも再び霊界へ戻るようになっています。しかし、ストレスや刺激が全くない状態の霊界に長くいると退屈で、やはり誰でもつまらなくなって飽きてくるもの。だからまた生まれたいと思うようになるのです。

あの世とこの世どっちがメインかという問題ではなく、どっちもメインなのです。ただし、居る時間が長いのは霊界です。

第二章

見えない世界は誤解されている

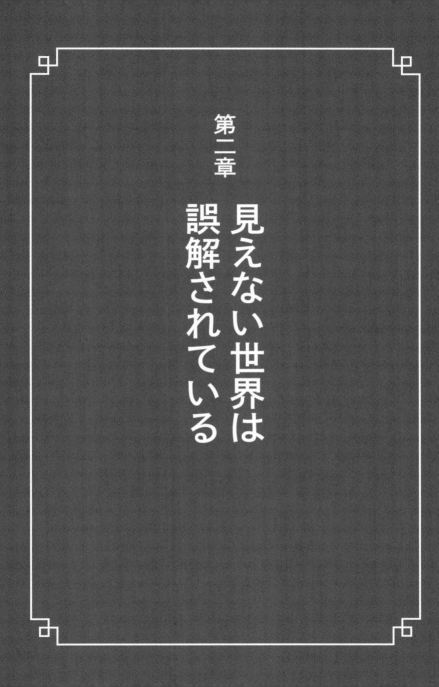

霊能者とは？

霊能者と霊感者の違いが分かりますか？

一般的に霊能者と言われる人達は、実は2種類に分類されます。一つが霊感者。もう一つが霊能者です。

霊感者とは何となく霊を感じる人から、はっきり分かる人までを言います。つまり霊感者には能力が高い人から低い人まで幅があります。しかし、霊能者ははっきりと霊の存在が分からなければなりません。

ということは、霊感者の中で一番能力の高い人と霊能者は変わりません。であるなら、霊感者と霊能者は同じなのか、しかし、違います。

二つの違いは何なのか？　といえば、霊などのエネルギー体に対して強制力があるかないかの違いです。霊に対して働き掛けられるかということです。人間の職業で例えるなら、ガードマンとお巡りさんの違いです。何か犯罪を犯した人がいれば、ガードマンなら注意はしますが逮捕まではできません。しかしお巡りさんは、注意することもなくすぐに逮捕できます。

このように霊に対して強制力があるのが霊能者であり、強制力が無いのが霊感者です。つまり取り憑いた霊を取り除いて消してしまうことができるのが霊能者です。霊感者は人に取り憑いていることは分かりますが、除霊や浄霊はできません。

最近は占い師まで霊能者と言われています。違いや定義が分からなくなっているのです。昔は村の拝み屋さんと占い師は別物でした、それがいつの間にか混同されるようになってしまいました。

除霊と浄霊の違い
分かったようで分かってないことを見極める

よく除霊するとか、除霊してもらったとかいう人達がいます。除霊とは、文字の通り、霊を除くことです。そこから一旦離れてもらうことです。ということは、戻ってくることもできるのです。

浄霊とは、強制的に霊の世界の入口にある裁判所のようなところに送り込むことです。漢字を素直に解釈すると自然とそういう結論に達することができます。「除」とは外すという意味。「浄」は清めるという意味です。ここだけ見れば言葉の意味が理解できます。「除霊」は人から霊を取り除くだけで霊はそのままこの世に存在します。「浄霊」はあの世の裁判所に送るのでこの世に存在しないよう消え去ります。

しかし、専門家である霊能者や僧侶が取り除くのだから除霊という言葉を使います。それによって、「除霊」という言葉の誤解が生じてしまいました。霊を天国や黄泉の国などと言い表す霊界に送ることが除霊なのだと信じ込むことになったのです。言葉や漢字にはそれ自体に意味があります。その意味を把握していれば、勘違いや嘘を見抜けることができます。

俗にいうスピリチュアルの世界の話も同じです。一つの言葉をそれぞれが異なった解釈で使っている、意味不明なこと、理論的に考えれば理屈に合わないことが多すぎます。スピリチュアルセミナー講師自体が本当のことを分かってない場合が多いのです。

そういう方の話を聞いていくと辻褄が合わなくなって、こちらから質問しても、そういうモノなのだからと開き直るのです。挙げ句の果てには怒り出す人もいます。精神の世界でも、スピリチュアルの世界でも、辻褄が合わないのはどこかがおかしいのです。話を鵜呑みにして信じてしまうとあらぬ方向に思考や行動が行ってしまうことになりかねません。

死神は悪い存在なのか？　死神の意外な正体とは？

この世からあの世へ行くしくみ

霊能者と称する人やスピリチュアルの世界の人達の多くは、死後50日間を過ぎても霊界に行けると思っています。たとえ1年経っても「おばあちゃんがあなたのそばで守ってくれていますから安心してくださいね」というような、真実とは異なるスピリチュアルセッションをやったりしています。それを受けたクライアントさんは涙を流して喜んでいます。それはそれでその人が満足するのならいいのかもしれませんが、そのセッションはなぜかそのおばあちゃんが宇宙からあなたを見守っているなどと平気で言うのです。なぜ宇宙なのでしょうか？　これならあの世もこの世と同じ場所に存在していることになり、3次元の世界にあることになります。全くおかしいですね？

あの世は、この世とは異空間にあって、個人が自由にこの世へ行き来などできません。

では死神という存在は何でしょう？

どうやら一般的には、死神の役目が誤解されているようです。生きている人の命を絶つのが役目のようにあなたも思っていたのではないですか？　もしそうだとしたら、なぜ生きている人の肉体と霊体を無理やり引き離すのでしょうか？　その基準は何でしょう？気まぐれ？　それとも悪事を働いたから？　悪事を働いた人を殺して地獄に連れて行くのなら、この世に悪人は存在しなくなります。そんなことないですよね。実は死神も「神様」なのです。

自分で霊界に行けるのなら死神という存在は必要ありません。死神の役目は、亡くなった方本人の希望により霊の世界の入口の裁判所のようなところまで連れて行くことです。ではなぜ死神が必要なのでしょう？

それは、霊界が我々の存在する3次元の世界にはなく、異次元にあって別の空間に存在するからです。この世にない世界にどうやって行くのでしょうか？　神である故、人以上の能力があります。その一つが空間移動であり、次元移動なのです。

亡くなった方を霊界に連れて行くだけでありません。逆に生まれてくる子どもを霊界からこの世に連れてくるのも死神の役目です。死神という名前だけに何やら忌まわしいイメージを持たれがちですが、死から生へ連れてくれるのも死神です。移動を担当する神が死神なのです。異次元の霊界と3次元のこの世を行き来し、人を送り迎えしてくれるありがたい存在が死神です。

先ほどお話しした死後50日間の猶予以内に亡くなった人を霊界へ連れて行ってくれるエネルギー体とは死神のことだったのです！　3次元だけでなく、異次元や異空間に瞬時に移動することができるエネルギー体が「神である存在」の能力の一つですから。

勘違いしていただきたくないのですが、死神という存在の神が一人いて、全世界の人間の送り迎えをしているわけではありません。生きている人各自に一人の死神が担当していると思ってください。だから生きている人の数と同じ数だけ死神も存在します。そういった送り迎えのエネルギー体の総称を「死神」というのです。

霊界に行くかこの世に残るかを決断する時間を、亡くなった方々には50日間の猶予が与えられています。その間は、死神がエネルギー補給のタンクの役目を果たして、亡くなった人にエネルギーを与えますから、誰にも迷惑はかけません。その間にこの世に思い残すことがないように、行きたい場所に連れて行ってくれます。

なぜ50日なのかは霊界のルールだから、理由は分かりません。ただ、平均寿命に対する比率で決められるようです。人間が50日に対してペットは3日があの世に行くまでの猶予となっていますから。

そして、50日間の期限が切れる時に、この世に残るのか、霊界に行くのかの決断を死神から迫られます。「霊界に行きます」と答えれば、霊界の入口にある裁判所のようなところに連れて行ってもらえます。「この世に残ります」と答えたら、死神は二度と迎えに来られないけれど構わないかと問い返し、最終決断を迫り、「それでも残ります」と答えたら、「では」とその瞬間に帰ってしまいます。後悔してももう二度と迎えに来てくれることはありません。

決定権はその人本人にあるのです。この決定権は本人以外の、神だろうが、それ以外の存在だろうが、他者には無いのです。

裁判所の裁判官は、仏教的に言えば閻魔様という言葉が当てはまります。国や宗教によって閻魔様にあたるものは様々に表現されていますが、どの国の人にも分かりやすく例えれば裁判所の裁判官といったほうがふさわしいでしょう。この裁判官にあたるエネルギー体はひとつではなく、いくつもあります。

そこで、普通の霊界の状態か、地獄という状態にするのか、が判断されます。地獄という場所に送られるわけではないのです。つまりこの裁判所は反省の場です。実は霊界も地獄も同じ場所で、その人の状態によって地獄の状態（苦しい状態）があるというだけです。ただし、気の持ちようを変えるだけで地獄の状態から脱することはできるのですが、何かに固執しがちの人はなかなかその状態から出られないということに過ぎません。

抜け出すのは簡単です。なぜ今自分はこんなに苦しい状態にいるのか？　という原因と結果に気づくことができれば、すぐに地獄という状態から一瞬で抜け出せます。しかし、原因を人のせいにしたり、自分を責めすぎたりする人はなかなか抜け出せないのです。

だから自殺した人が一番苦しい状態にあるということです。霊界にも行けず、最も苦しい状態にあるままそこから抜け出せず、生まれ変わることもできず、それが永遠に続くのですから。

つまり裁判所の先の霊界に「天国」や「地獄」という場所があるのではなく、あなたは霊界で天国という状態、地獄の状態のどちらでいられるかということです。霊界という場所はひとつしかありません。

地獄や天国の話は、生きている人に極悪非道なことをしないよう戒めとして血の池地獄とか針の山などの話ができただけです。そうすれば悪いことをする人が減るようにとの願いを込めて作られた架空の世界です。

さて、この裁判所では、今まで生きてきたことの全てを見返して、その人の役目を果たしてきたかどうかを判断されます。もう肉体は無く、ここで裁判官に会話して報告するわけではないので、都合よく何かを隠したりもできません。つまり生きていた時、やってきたこと全てを見てきたのは自分です。自分が見てきた自分の行いの全てが判断されます。誰も知らないこともあなただけは知っています！　ここが公平なところでもあり、変なことをしてきた人にとって恐ろしいところでもありますね。


どうですか？　これで誰も見ていないからといってズルいことができなくなりますよね？　誰一人見ていなくても、うまく隠し通せたとしても、あなたが全てのあなたを見ているのですから。

しかし、裁判所の判断基準は私たち人間の「善悪」ではありません。いいことをしたか、悪いことをしたかではなく、その人が果たすべき役目を果たせたかどうかです。あなたが立てた人生設計に対してあなたはどうだったか？　それが問われるのです。

映画やドラマに例えてみれば分かりやすいでしょう。映画やテレビで刑事ドラマなど悪役を演じている役者は悪い人なのでしょうか？　役者は悪くないですよね。あくまでもその役を演じているだけですから。魂の世界である霊界には、悪人も善人もいません。奪うものも争うものもないからです。全てが平等です。

例えば、電子というモノがあります。電子の世界に良い電子と悪い電子があるでしょうか？　電子の世界ではただのエネルギーにしかすぎません。富も権力もモノさえないのですから。ただ一つ物質としてあるのが、個々の霊体です。

全ての人が、この世に何かの役目を負って生まれてきているのです。それが今回の生でできたかどうかを裁判所で審議されるのです。

全くできなかったという後悔を抱えながら死後を過ごすことが地獄といわれるものです。地獄という場所に連れて行かれるわけではありません。地獄とは状態のことです。もちろん、やるべきことはやれたという実感を持てた人は、安心して霊界にいることができますから、そんな状態を天国というのです。

だから亡くなる前に「生まれてきてよかった！」と思える人は全員、天国の状態でいれる人です。「生まれてこなければよかった」と後悔する人以外は、だいたい皆さんこの状態で亡くなりますから安心してください。

だから今の生き方が大事なのです。

波動とは何？
波動の定義を知れば、もう騙されなくなる！

そもそも「波動」とは何でしょうか？　今、あまりにも波動という言葉に間違った認識を持たれている方が多いようです。先行きが見えない混迷の時代は特にこういったスピリチュアル系の詐欺が横行します。過去の歴史からも不景気の時代にこそスピリチュアルブームは来るのです。なかでも便利に悪用されているのが「波動」です。

この世のあらゆるすべての物質（粒子）は振動しています。電波などは周波数と表記されます。このような動く波の状態を示しているのが波動です。この波動の源はエネルギーです。エネルギーが発する固有振動が波動なのです。だから波動とは物質の個体が固有に持つ振動に過ぎません。

人が亡くなって、姿がない魂だけの存在になった時に個体識別するものが波動です。だから魂同士が霊界で人生計画を立てる時に相手を認識できるのです。来世では家族になろうとか、友達になろうとかの打ち合わせを姿がなくてもできるわけです。指紋と同じように必ず一人ひとり違うもので、決して同じものがない識別が波動です。

スピリチュアル業界の方々がよく「波動が高い」とか「波動が低い」という言葉を使うのを耳にしますが、私には意味が分かりません。高い周波数が良くて、低い周波数が悪いと言うのでしょうか？　単に高いか低いかの違いに過ぎず、いいか悪いかなどはあるわけがないのです。人に対して「あなたいい指紋してるね！」と言わないように「いい波動してるね！」という言葉はナンセンスです。

それなのに「あなたは波動が低いから、これをやって波動を上げましょう！」と何らかの活動を強制されたり、または「これを買えばあなたの波動が上がります」などと高額商品を買わされたりという根拠のない嘘や詐欺がまかり通るのです。一人ひとりが固有に持つ波動はどうやっても変えることはできないことをスピリチュアル業界の方々は知りません。

「気持ちの良い波動」や「気持ちが悪い波動」という表現もあります。これは、気持ちが良いエネルギーと感じるか、不快に感じるエネルギーか、ということになります。ちょうど、良い香りか臭い匂いかの違いです。

波動が汚れているという表現もよく聞きます。そもそも汚れるとはどういうことでしょう？　汚れているとは、あるものに汚物が付くケースや傷つけられたケースを言います。「振動」が「汚れる」とはおかしな表現ですね。だから「波動調整」などと言いだし、波動を悪いものからいいものに、汚れたものから綺麗なものに変えてあげますというおかしな人が現れるのです。

波動自体は変化しません。電波が汚れるという言葉はおかしいですが、電波が乱れるという言葉はあります。電波が乱れるとは発信源と受信点の間に障害が発生しているためであり、電波そのものが不安定なのではないのです。

それなのに「波動が高い」「波動が低い」という言葉は何を表しているのでしょう？

どうやら「波動が高い」は精神性が高い、「波動が低い」は精神性が低いということを表しているようです。本当の精神性が高いか低いということは、水が澄んでいるか濁っているかと同じことです。澄むことも濁ることも波動にはありません。

例えば、肉体から離脱（肉体が死体になった）した状態の霊体は、粒子の集合体である故に、形が自由になります。基本は球体ですが、様々な形に変わることもできます。そのような状態では個体識別が不可能になります。今生きている私たちは、顔や体や声などという形を持っているから、個体識別ができているに過ぎないのです。しかし、死んで肉体が無くなれば、目に見えるような識別できる形がありません。

その個体識別を行うためのアイテムが波動です。先ほども言いましたように、この「波動」は私たち人間の指紋と同じ役割です。一人として同じ指紋を持った人はいません。整形で顔は変えることはできても、指紋を変えることはできません。もし指の皮を剥いで消したとしてもまた後で同じ指紋が現れてきます。だから警察も指紋で個人の特定に使ったり、スマホやＰＣでも指紋認証が個体識別として採用されているのです。一卵性双生児であっても指紋は違います。

このような指紋のように、他に同じ波動の人がいないから個体識別や個体確認ができるのです。もし、波動が変えられるのであれば、その人は別人になってしまいます。霊体になれば誰が誰だか識別できなくなりますからありえないのです。

物にも波動があります。しかし、物は生命体ではないので個体識別の必要がなく、同じ波動のものが存在しても構わないのです。
霊体と肉体が一緒になって生きているのが人間です。会うということは肉体だけを見ているのではなく、霊体同士も触れ合っているのです。

前世ってあるの？ 輪廻転生がある証拠を考える

これまでの話の中からも、人は死んでも魂（霊体）は消滅することはなく存在し続けることがご理解いただけたかと思います。では、霊体になったら、どこへ行くのか？ 何をするのか？

霊体が肉体を持ってこの世に生まれ、また肉体から離れて霊界に戻るのを繰り返すということは、輪廻転生は明確にあり、前世も来世もあるということです。

「前世」とはこの時代の流れの中で、過去の時代に別の体を持って生きていた時のことです。前世と先祖の話を混同されている方がいらっしゃいますが、「先祖」はＤＮＡで自分との関連を持つ人々のことです。二つの共通点は、今の自分が生きている時間軸でみて、今の自分が生まれる以前の人という定義だけです。稀に自分が自分の先祖であった方もいらっしゃるかもしれませんが、例外中の例外と言っても過言ではありません。

宗教の教義上で、輪廻転生を認めている宗教と輪廻転生を認めていない宗教があります。輪廻転生を認めていない宗教は、人は死後その魂は神の身元に行き、未来永劫幸せに暮らすことができる。裕福な人や犯罪を犯した人は地獄に落ちる。犯罪を犯した人は神に懺悔して、悔い改めれば神の身元に行ける。裕福な人はラクダが針の穴を通るよりも神の身元に行くことが難しい。しかし、神にその財産を寄付すれば、神の身元に行けるという救済措置がある、などという教義を持つ宗教もあります。

また、輪廻転生を認めている宗教もあります。悪い行いをすると、地獄に行き苦しい思いをする。霊の世界を極楽と呼び、素晴らしい世界だと説いています。宗教によっては、酌めども尽きぬ酒の入れ物がある。だから、「この世で酒は飲んではいけない」と説きます。

・

ただ、共通しているのは「素晴らしく、誰もが幸せな世界がある」ということです。そんな世界から見れば、この世のほうが地獄のような場所です。誰もが早く、極楽なり、神の身元に行きたいと願うでしょう。おそらく二度とこの世には出てきたくないでしょうね。

宗教によっては、魂は神の赤子である。その宗教を信じた者だけが神の身元に行けたり、神のために戦って死んだ者が神の身元に行ける。と説くものもあります。だから、生まれ変わることがないという理屈です。

永く残っている宗教でもこの通り、説く内容が様々なのです。

では、宗教が説いてきた教えが、もしそうだったとしたら最初から神の身元にいたのであるから、この世に出てくる必要が無いのではないでしょうか？　「修行のために生まれてくる」という人もいます。果たして一度だけの人生でどれだけの修行ができるというのでしょうか？　一度だけの人生だとしたら、初めての魂としての経験ですから、無垢で何の情報もない魂ということになります。ゼロからのスタートです。

それならば、生まれた環境に１００％その人の性格や人生が左右されます。なぜなら、何もデータが無いのだから、性格を構成するための情報が生まれた状況にしかないことになります。それならば、双子はコピー人間のように同じ性格になるはずです。しかし、現状はいかがでしょう？　一卵性二卵性を問わず、全く同じ性格の双子はいません。似たところはありますが、その人の性格の一部に過ぎません。

なぜ双子として生まれたのにそうなるのでしょうか？　もし、それぞれにデータベースがあり、その上に環境や経験から性格が構成されるのであれば、別人格になり、性格や行動様式が違って当然のこととなります。

輪廻転生がある証拠として、人によって生まれつきの得意・不得意があるということも挙げられます。そういった個性や能力、性格、趣向などの情報が脳だけにしかないとしたら、生後数年は同じ歳の子どもにほとんど能力の差は見られないはずです。

生まれたばかりの赤ちゃんの脳はゼロから作られたものだから、個別の情報やデータベースが収められているはずがありません。それなのに、もう生まれてすぐ一人ひとりの赤ちゃんには違いが見られます。

その違いはＤＮＡ（遺伝子）のせいではないか？　と反論される方もいらっしゃるかもしれませんが、遺伝子はタンパク質の設計図であり、一つひとつの脳細胞がどのように結合するかまでは遺伝子は決められません。それなのに性格がすでにできているのです。脳細胞がどのように結合するかを決めたのは何でしょうか？

これが霊体に収められた前世からのデータによるものなのです。霊体に刻まれた記憶ですから、脳の情報のように亡くなっても消滅するものではありません。何度も繰り返した前世の経験から蓄積した膨大なデータの影響によって今世の特徴が決められて生まれてきています。こうして一回の人生だけで終わらず、輪廻転生を幾度も繰り返し、人は学び、成長していくのです。

では、データベースはどこから来たものでしょう？　神が与えたものでしょうか？　もしそうであるのなら、神という存在はずいぶん依怙贔屓《えこひいき》するものですね。人に好まれる性格を与えたり、人に疎まれる性格を与えたり、ある意味、意地悪な存在なのでしょうか？

どの宗教も「神は平等である」と言っています。しかし、現状を見てみると、自分という神を信じる者に平等であるが、信じない者には平等性がないとしか見れません。

それぞれの宗教にそれぞれの神がいます。そして、それを信じる人たちはその神の聖名において、過去や現在で戦いを行ってきました。自分の勢力範囲を広げるための戦いです。同じ人間同士が、神に代わって殺戮の限りを尽くしてきたのです。神は自分の手を汚さず、神の代理人の手も汚さずに殺戮という犯罪を犯しているのです。大将が戦わず、配下の者に戦わせているのと何ら変わりがありません。

例えば、戦いに勝てば、大将は恩賞を配下の者に与えます。では、神や神の代理人は戦った人々に何を与えるのでしょう？　この世で与えるのは祝福だけと言っても過言ではありません。死後、神の身元で幸せな時を未来永劫過ごすことができるという……。

では、その人の幸せが人を殺すことが幸せなら、いつでも好きな時に、任意の相手を殺すことができるということになります。では、殺される魂は幸せでしょうか？　殺されることに幸せを感じる魂があるのでしょうか？　百歩譲って、いたとしても、殺された魂はどうなるのでしょう？

そもそも、人を殺すことができるのは肉体があるからです。神の身元にいる魂には肉体が無いのです。それとも神には肉体という物質があり、その肉体がある世界が神の世界とでも言うのでしょうか？　そんなことはありません。

神の世界は、意識を持ったエネルギー体だけが存在する世界です。そこには物質は存在しません。物質は滅ぶものだからです。

ツインソウルって何？

ないものをあると思っていませんか？

「ツインソウル」という言葉も好きな人が多いようですね。あなたはこの言葉にも疑問を持たずに受け入れていませんか？「きっと私とあなたはツインソウルなんです！」と手をつなぎ合う仲の良い二人。この言葉もスピリチュアルの世界ではよく出てくる言葉です。ただし、その言葉を使っている人によって意味が異なります。魂を二つに分けた説、双子の魂説、前世で双子だった説など様々です。

でも、よく考えてください！　魂を二つに分けるとはどういうことでしょう？

どのように一つの魂を分けるのでしょう？

魂の良い部分と悪い部分に分ける？

それとも均等に二つに割るの？

そもそも一つの魂を二つに分割するだけの容量があるのでしょうか？

誰が分けるのでしょうか？

自分で細胞分裂のように分裂するのでしょうか？

容量は補充すれば事足ります。しかし、情報は半分になってしまいます。半分にしないためには情報をコピーすれば良いのですが、どうやってコピーするのでしょうか？　そもそも何のために二つに分けるのでしょう？　なぜ同一の別人格を作る必要があるのでしょうか？

ツインソウルはお互いに惹かれ合うと言います。わざわざ分けたモノがどうして会わなければならないのでしょう？　出会って何が起こるのでしょう？　お互いに自分の嫌な部分を見せ合ったり、良い部分を見せつけられたような感じになるだけではないでしょうか？

母親と娘が、仲が悪かったり良かったりします。何故悪くなるのでしょう？　それは、母親にとって、娘が鏡のように自分の悪いところを目の当たりに見せつけるからです。なぜそうなるのでしょう？　それは娘が生まれてから、母親が娘の見本になっているからです。

どうして子どもは親の悪い点を真似しやすいのでしょうか？　ヒューマノイドにとって、悪いことを学ぶのは簡単です。理性で物事を判断したり、行動しなくて良いからです。感情の命ずるままに行動すれば良いから簡単です。感情が怒ればそれを素直に出すか？　状況を考慮して抑えるか？　状況を考えて感情を抑制するには、かなりのエネルギーを必要とします。そうするとエネルギー不足を起こして疲れるのです。疲れることをいとわない人と疲れることをしない人がいます。

感情を優先するか理性を優先するのかは状況によって変えるべきです。怒りも、喜びも、恐れも、「感情」というエネルギーの爆発です。その爆発を抑え込むにはそれ相応のエネルギーが必要になります。これは経験から学ぶ以外ないのです。環境や状況によって蓄積してきた過去の経験の積み重ねの結果です。

子どもにはその経験が無いから母親の悪いところを簡単に学ぶのです。もちろん良いところも真似をします。だから、子どもが良いところの真似をしたら褒めてあげましょう。喜んであげましょう。そうすれば、その子の良いところが伸びていきます。

子どもに悪い点が見受けられたら、親であるあなたの行動を反省してそれを繰り返さないようにすると良いでしょう。そして、子どもにそれがなぜ悪いのかを諭しましょう。そうすれば母親と娘の関係はより良きものになるでしょう。子どもからすれば初めは親の行動から学ぶしかないのですから。

少し脱線してしまいましたが、コピーすることは生まれてからではないとできないのです。見て聞いて学んでコピーするのです。もし、自分と同じ別の自分がそこにいたら嫌ではないですか？　もしコピーがいたらどうしますか？　自分がやりたくないことをやってもらいますか？　その嫌なことは、そのコピーもやりたくないことだとは思いませんか？　やりたくないことの押し付け合いになるのではないでしょうか？　楽しいことも奪い合いになるのではないでしょうか？

知識を共有することはできますが、個別に経験したことを共有することはできません。経験とは、自分が経験した時に初めて経験になるのです。しかし、知識があれば、その経験を良い方向に持っていくことはできます。知識は活用して初めて役に立つのです。知識があっても活用しなければ、最初から無いのと同じか、もっと悪いことです。

またまた話が逸れてしまいましたが、もし、誰かがツインソウルという言葉を使った時に、その意味を聴いてみてください。多種多様なその人の答えが返ってくるでしょう。その言葉を理解すれば、その人が何を言いたいのか理解ができるかもしれません。

そもそも魂は二つに分割することも、複数の魂が一つの魂に融合することもありません。一つの魂はこの世にいても、霊界に行っても一つであることに変わりはなく、あなたの魂はそのまま一つの魂として死んだ後も存在するのですから。

第三章

あなたがよりよく生きるために

人生計画って何？

霊界であなたは全てを決めてきた

よく「親は選べない」とか言われてますが、あなたも本当に選べないと思っていますか？　また一方では、あの世から子どもが井戸を覗いて、どの親に生まれるかを決めて滑り台から降りて生まれてくると言う説もありますが、果たして本当なのでしょうか？

どうして親が選べないと多くの方は言うのでしょうか？　当然、生まれた後では親を変えることはできません。しかし、生まれる前にきちんとあなたは両親を選んで生まれてきたのです。亡くなった後、霊界で人は何をやっているのかの答えがここにあります。

実は、生まれる前に人は全ての人生計画を立てているのです。その中で両親も決めています。もっと言えば、両親と祖父祖母などが生まれる前に決めています。自分と両親と祖父・祖母、曽祖父・曽祖母、子ども、孫、ひ孫が霊界にいる時でないと誰のもとに生まれるかを選べないのですから。生きている人とは打ち合わせができないので当然のことです。

だから、子どもが井戸から生きている両親の様子を覗いて選ぶということはありえないのです。もしそうならＤＶの親を選ぶ子どもは絶対にいるはずありませんし、裕福で優しい親のもとに子どもの希望が殺到するはずです。

実は、生きる目的というものは、この世に生きる人の損得勘定やメリット・デメリットなどで選ぶわけではなく、違うところに生きる目的があるからなのですが、これはまた後でお話しします。

人生計画では当然あなたの子どもや孫も霊界にいる時に、あなたと来世での関係を次はどうするかを決めているので、人生計画には遥かな時間がかかります。輪廻転生のサイクルは約３００年〜６００年ぐらいかかります。たかが数十年で人は生まれ変わらないので、あなたのお婆さんがあなたの子どもや孫として生まれてくることもないのです。血縁関係を持つ人々が全員あの世で揃ってから、また来世の関係を決めるのですから。

魂に刻んだ能力を来世でも発揮するために、どの親の元で生まれれば、その才能を開花させられるのかを考えて親を選びます。もちろん親からもその子が自分の子どもでいいかを選ばれ、目的が合致した魂同士が親子の関係として生まれてきます。

絵の才能がある親の遺伝子を継いだから子どもも絵が上手いというよりも、もともと絵の才能がある魂は、絵の才能がある親の魂に生まれれば、それを伸ばす環境もありますし、親を手本としてその姿を見ながら学べるという点からも、その人を親として選んでくるというのが本当のところです。生まれてしまえば子どもは親の生き方をコピーしながら学ぶしかありません。

つまり才能は前世からの積み重ねです。たとえ今世では一流になれなくても、一流のすぐ近くまで到達できたのは、来世で一流になるため必要な経験だからかもしれないのです。

もし、あなたが人生設計をするのなら、まず何から始めますか？　両親を決める？　時代を決める？　当然、まず決めるのは親を決めます。自分が誰のもとに生まれるか？　そしていつ生まれるか？　名前をどうするか？　まずそこから始めます。

大抵のところ子どもの名前は親がつけるものですが、「この名前にしよう！」と親が閃めくのも、親と子どもが霊界にいる時、この名前で生まれてくると決めてくるから、その名前にピンと来るのです。

だから、相手あっての結婚だとか子どもの誕生日だとかは必ず決まっています。それが変更できないように関係する人同士で人生計画に決めてきたからです。誰と結婚するか、何回結婚するか、誰が子どもに生まれるか、何人の子どもが生まれるかなどは何があっても変えられないために、どんなことがあってもそうなるように決まっています。どこかで選択を間違ってもまた回避ルートから必ずそうなる道へ戻るようになっています。

どんなに別れようとしても、どんなに結婚を遅らせようとしても、必ずその人といつ結婚するかは決定しているのです。相手と時期が決まっているからこそ、その子が、その年に生まれてくることができるのです。そして生まれるはずの子どもは、どんなに母親が妊娠中に不注意で転ぼうが、お腹をぶつけようが必ず生まれてくるようになっています。

人間は自分が自分で行動できるようになるまでは、死ぬ以外のことは、ほとんど決定権はありません。それまでは、両親など周りの人達に決定権があります。ハイハイする辺りから決定権が発生します。その先は、それぞれの人生の選択です。そこから、枝分かれしていくのです。

当然、他の人もそれぞれ自分の選択をしますので、その擦り合わせだけでも大変な時間がかかる作業です。人生設計の図面は、一本の木の枝分かれした形と、その先は針金を編み込んだフェンスの模様を組み合わせたような形になっています。枝分かれしているけど、いくつも通る道があり、間違ったら戻る道もあるという形です。また葉っぱの葉脈のようだとも例えられます。

ただ、その道は迷路になっているのではありません。なぜなら、過去に戻ることはできないからです。時と共に人生の道は一方通行です。しかし、道は様々な枝分かれをした選択の連続になっています。一つひとつ何を選択したらどうなるかという全パターンを決めています。

もし理想の道から脇道に逸れたとしても、本筋に戻れる道もちゃんと作っていますから安心してください。一度失敗したら二度と取り戻せないことはないのです。少し時間はかかりますが、リカバリーする道もあなたが決めているのです。だから失敗してもあきらめないでいいのです。

かえって遠回りしたほうが人生で学ぶことが多く、後々それが近道だったということも多々あるのです。何が幸いするかは分からないのです。もちろん、途中であきらめて本筋に戻ろうとする努力を怠れば、どんどん堕落に進む道もありますから、戻るかどうかはあなたの行動や努力にかかっていることは肝に命じてください。

運命といえば、神様が決めているようにあなたは勘違いしているかもしれませんが、運命は神様ではなく、あなた自身が決めているのです。何か大いなる力があなたを動かしているわけではなく、全てはあなたがとった「選択の結果」です。それがあなたの人生です。あなたの人生のハンドルはあなたが握っているのです。

だから、どの道を選ぶかによって、人生がどうなるかが決まっているわけではありません。いつ何があるということも決まっていません。ただし、決まっていること、変えられないことがあります。

それが、誰のもとにあなたが生まれ、あなたの子どもとして誰が生まれるかです。そのため、結婚するか、しないか？　結婚相手が誰か？　ということも生まれる前から決まっています。そしてそれがいつなのかも決まっています。これはどんなに脇道に逸れても、絶対に元に戻るルートを作っていますから時期が変わることもありません。

結婚相手を複数決めて生まれてくるのなら、どんなことがあっても最初の相手とは離婚します。これらは自分だけでなく、人の人生計画と密接に関連するために、いつ生まれるか？　いつ結婚するか？　いつ離婚するか？　など自分以外の人の生に関わることは変えられないのです。

しかし、いつ死ぬかは決まっていません。それはあなたの生き方、あなたの人生の選択次第です。愉快に、健康に生活したり、危険なことに近づかなければ長生きできますし、不摂生したり、自暴自棄になったり、人生を充実させる努力をしなければ早死にすることでしょう。だから死については多様の選択の結果にしか過ぎません。生きているあなたの選択に委ねられています。

人生計画で立てた道は、過去のシュチュエーションに似ていても、異なるものです。その時には、過去で学んだスキルで対処すれば良いだけです。人生は全て学びです。学ぶか学ばないかで変わります。学べば、その人の人生の喜びの回数が大きく増えていきます。学ぶことには多大な努力を必要としますが、「苦あれば楽あり」です。

その人の人生設計や役割は神様や仏様が与えたものではありません。神様や仏様は個人の人生設計に直接携わることがありません。時代の大きな流れはあります。それに合わせておのおのが人生設計を立てるのです。そして、人々の選択の結果の総意が現実の時代の流れになるのです。

これから人類がどうなるのか？　地球という星がどうなって行くのか？　それを決めるのは人類の選択の総意で決まります。あなたは全体のうちの歯車の一つに過ぎません。

しかし、あなたの人生にとって、あなたは紛れもなく主役なのです。あなたの人生を誰も代わって行うことができません。もし他の人が代わって行った場合は、それはその人の人生であり、あなたの人生ではないからです。それは、誰にも代わることができないあなただけの人生なのです。

だから、結果として一番になれなくても良いのです。オンリーワンになれば良いのです。オンリーワンをめざした結果がナンバーワンになれるかもしれないのですし。オンリーワンになれない、オンリーワンを目指せない人がナンバーワンになれるわけがないからです。オンリーワンを目指さなければ、結果としてつまらない人生を送り、死んでから自分の人生を後悔することでしょう。

人生には壁が存在します。壁とは何でしょうか？　壁とは、スキルをジャンプアップさせるためにあるのです。壁を乗り越えようとあれこれ努力する時が人は一番成長するものです。壁にぶつかった時に、その壁から逃げて楽な道を選択すれば、当然スキルアップすることはありません。あなたが満足する人生を送りたければどちらを選ぶのが賢明でしょうか？　よく考えてみてください。その壁もあなたが人生計画であなたが成長するために設定した壁なのです。

自分で自分に課す問題で、絶対に無理な問題を自分自身に課すでしょうか？　自分一人の力ではできないこともあります。しかし、先達や解決する力を持つ人の力を借りればできるかもしれません。その時は、そういう人々から手助けしてもらったり、スキルを学べば良いのです。実践で見せてもらえるのですから、ほとんどの壁は乗り越えられます。

真似はよくないと言う人もいますが、人間は真似をすることから始めます。真似をした結果、自分のモノにしてしまえば良いのです。例えば言葉を話す、歩くと言う行為も最初は真似からのスタートです。周りの人達が使っている言語を耳にして、脳が記憶して言葉を真似します。やがて会話が可能なレベルになってからも、学習という先達の決め事を記憶して使うのです。

人生の選択は難しいものです。なぜなら、未来が分からないからです。だからこそ迷った時に人々は占いに頼ったり、未来が見えると称する人に相談したり、人生の先輩や友達に相談するのです。しかし、彼らのアドバイスも１００％正解とは限りません。アドバイスはアドバイスに過ぎないし、未来は変わっていくものです。自分一人では決められないこともあるため、未来がどうなるかは最初から確定していません。社会の流れの中で、生きている訳ですから、その大きな流れから外れることができないのです。

しかし、自分一人では変えられなくても、一人の思いと行動が、二人になり、三人になることによって社会の動きを変えることはできます。

しかし、数の理論が正解とは限らないし、一人の人間が全ての決定権を持つのも正解とは言えません。でも、一人の決定権者を作り出すのも数の理論です。なぜなら、その人はより多くの支持者を支配下に置く人々が必要だからです。自分がいくら正しいと思っても、それを支持する人達がいなければナンバーワンになれないのですから。

ナンバーワンとは何でしょう？　ナンバーワンとは支配者であり決定権者です。ナンバーワンは全ての先を見越して考え、そのグループを導く存在だからです。いろんな考えを持つ人々がいます。その考えを調整したり、強権を持って決めたりします。どんなに強い独裁者であっても、最初から強い独裁者は存在しません。その人が、多数の支持を受け、多数の配下がいて初めてなれるのです。その人達に支えられて支配者や権力者になるのです。

誰も支持しない、誰も配下にいない人が支配者や権力者になることはできません。故にそういう人を選んだと言うことが人類の総意なのです。ということは権力者や支配者をその座から追い落とすことも可能だということです。

しかし、気に食わないからと追い落とすだけではダメです。代わりにどうするのか？明確な思想と思考と、明確な方法論が必要不可欠です。それが無いのはますます混乱を生むだけですから。

人生設計と同じように、社会にも計画性があります。選択によって変わります。繁栄する未来を選ぶのか？　滅亡に向かう選択をするのか？　しかし、その道に明確な道しるべがありません。選択した結果の未来が「現在」になるのですから。

失敗した時には、どこで選択を誤ったのかを考えるのです。選択を間違えない方法もあります。それは、欲で選択するのではなく、真実の愛を持って選択すれば良いのです。

為政者の真実と一般の方々の真実が異なることも多々あります。なぜなら一般の人の思考は、自分個人や家族が中心の思考に端を発しているからです。為政者の思考はそれもあるでしょうが、個人に近隣や社会での周りの人との関係があるように、国家にも他国との関係があるものです。ひいては全人類とも関係することですからことさら重要です。国民の要望と、世界の状況とを思考して、国民が望まない選択をせざるを得ない場合もあります。

例えば会社も同じです。会社とは組織です。組織は何よりも自分の組織の繁栄を求めます。組織が消滅するよりも、自分の組織の細胞である社員を切り捨てたり、我慢させてしまわざるを得ないケースもあります。

例えば、自分の組織よりも社会の状況が悪い時に、組織に我慢させて社会貢献し、社会を活性化させることによって、結果的に自社の未来の利益を考える長期的な視点を持った経営者がいます。一方では、社会が困窮していても、自社の繁栄のために社会の状況を考えず、自社の目先の利益だけを追求する経営者もいます。前者は未来に繁栄するでしょう。後者は未来に消滅の道が待っています。

一般の個人が、多くの社会と知らず知らずのうちに関わっているように、国家や会社などの組織も他の国家や組織や個人と関わっています。組織の上に立てば、上に立つ人ほど広い視野で物事を見て、物事を考えて決定することが必要になるのです。

自分や自国が一時的に困っても、他国を助けることで、平和な未来に繋げることができるのです。しかし、国家の首班である以上、自国の存続や利益を優先しなければ国民にその座を追い落とされてしまいます。現在の社会は多種多様な国家や組織といやがおうにも関係しています。自国だけで成り立つ国家はないのです。

個人一人ひとりが地球人の構成要素なのです。あなたが動けば、もしかしたら世界が動くかもしれないのです。あなたがどんな人生の選択をするかで、世界が良くも悪くも変わる可能性があります。それが、人生計画が世界に及ぼす影響が大きいかもしれない理由です。

技術的なナンバーワンもあります。これは日々の努力とその人の才能や能力が最高に合わさった時になれるのです。一流になろうと思って頑張れば、一流になれる可能性はあります。しかし能力がなければ超一流にはなれません。これが本当のナンバーワンです。

あなたは全体の歯車の一つに過ぎないと先ほど言いましたが、これは決して悪い意味ではありません。あなたが生きる意味は、あなた個人の損得勘定だけでなく、地球全体、宇宙全体がより良くなるために、あなたに何らかの役割が与えられ、その役割を全うするようにあるのです。全体がより良く変わるために、欠かせない一つの重要な役割が一つの歯車にあるのです。一つとして欠かすことができない大切な一つの歯車なのです。

ここにあなたの生きる目的、あなたが書いた人生計画での目的のヒントがあります。あなた自身が幸せな人生を送ることも大切です。そのために人生計画を頭の隅に置いて個々の仕事や役割を頑張りましょう。それと同時に地球全体からの視点で、あなたの役割は何かということも考えてみると、意外なヒントが見えてくるかもしれません。

今まで出会った人、人生で起こることに偶然などなく、全てが必然なのです。

守護霊はいるの？　誤解されている守護霊の役割

守護霊は誰にでも一人います。そもそも、守護霊というネーミングが間違っているのですが……。守護霊と言えば、いかにも災難からあなたを守ってくれる存在という意味に捉えがちですが本来の意味とは違います。

よくスピリチュアル業界には「あなたは強力な守護霊に守られているから大丈夫」という人がいます。果たして何から守ってくれるのでしょう？　どうやって守ってくれるのでしょう？　困った時に助けてくれる存在が守護霊？　事故から守ってくれる存在？

そもそも守ってくれるのなら、なぜ困った状態になる前にそうならないように助けないのでしょう？　なぜ、事故にあう前からそうならないように守ってくれないのでしょう？　つくづくいろんな矛盾を感じます。

そもそも守護霊の強弱とは何なのでしょう？　生前に経済力があった人？　権力があった人？　腕力が強かった人？　どれも肉体を持っていた状態での話ですね。向こうの世界に、経済力も権力も腕力も持っていけません。これらは全て物質世界である私たちが今いる世界のモノです。向こう（霊界）に持って行けるのは、経験と知識と能力だけです。

魂のレベルが高い人と言う人もいますが、魂のレベルが高いとはどういうことでしょう？　定義は何でしょう？　スピリチュアルの方々は「精神性が高い人」という人がいます。では精神性が高いとはどういうことでしょう？　怒りも持たず、人を優先して、優しい人のこと？　平等に物事を考え行動する人？　などなど、いろんな説明をしているようです。

魂のレベルが高い、低いというなら何が違うのでしょうか？　犯罪を犯す人の魂はレベルが低くて、人を助ける人の魂のレベルは高いのでしょうか？　悪をなす人の魂が低くて、善をなす人の魂が高いのでしょうか？　人の悪口を言う人の魂のレベルが低くて、悪口を言わずいつもニコニコしている人の魂のレベルが高いのでしょうか？　人を助けた人は犯罪を犯さないでしょうか？　悪をなす人が人に優しくすることはないのでしょうか？　悪口ばかりを言う人が人に優しくしないのでしょうか？

魂のレベルが高いと自称するスピリチュアル業界の人も、自分の思い通りにならなかったり、都合が悪くなると怒りだします。余裕がある時は、人は優しくなれるものです。逆に余裕がない時は人に優しくなれません。では余裕がある人が精神性が高いのでしょうか？　余裕が常にある人もいません。金銭的、時間的、精神的に余裕があっても怒る人も騙す人もいます。一概に言えないものですね。人は精神性が高くなったり低くなったりしているのが現状なのです。

話を戻しますが、守護霊があなたに行ってくれることは、災難などから守ることではありません。守護霊はあなたに時々、ヒントやメッセージを与える存在です。いわば人生を導くアドバイザーです。大事なことに関するお告げをしてくれますが、守ってはくれません。あなたを守るのはあなた自身です。そうならないようにメッセージを与えるのです。いつも与えてくれるわけではありません。たまにインスピレーションとしてヒントを与えるのです。しかし、それにあなたが気付くかどうかもあなた次第です。

あなたにも思い当たることはありますよね？　そういう何かに導かれたような経験です。分かりやすいのは、何か大切な出来事に初めて出会った時に、楽しいと感じたり、ワクワクしたりする瞬間です。これは、あなたにやってみたらいいよという守護霊からのメッセージです。他には重要な何かの選択に迫られた時に、何となくこっちかな？　という勘が働く時も守護霊からのメッセージと思ってください。あなたが人生計画に書いてきた本流の道に来た時に、これだよ！　と教えてくれるのです。

「これやらなくちゃ！」「これやりたい！」理由もなくそう思った瞬間が、守護霊からのメッセージです。

だから守護霊は、あなたを直接守るのではなく、アドバイスすることであなたを守っている存在なのです。あなたについて守護霊はたった一人です。途中で変わることもありませんし、変えることもできません。

守護霊はあなたにメッセージを与えることで応援していますから、安心してあなたはあなたがやるべきことを頑張ればいいのです。

お告げやメッセージを受け取る方法
それはどこからやって来るのか？

　ではそういった守護霊からのメッセージを受け取る方法をできれば知りたくなりますよね。実は方法があります！　その条件とは、通常の意識が外れて、無心になった時だけです。お告げをくださいとお願いしても、その時点で無心になっていないので、来ることはありません。神社に行っても、何かの報告をしたり、お願いをしたり、お礼を述べたり、何かを常に考えているはずですから、やってきません。

　実は、日常で時々その瞬間は訪れているのです。少々汚い話かもしれませんが、トイレに行きたくても行けなくて、ようやくトイレに座った瞬間です。「ハッ！　間に合った！」そのカタルシスの瞬間は、誰でも無心ですよね。他のことは一切何も考えず、出してはいけなかった状態から「やっと出せる！」ただそれしか頭にありません。

　こういう時に、ふと何かを閃いたということはありませんか？　これが守護霊からのアドバイスなのです。人は通常は、顕在意識を働かせて常に何かを考えています。こういう時は意識が邪魔をして、守護霊からのメッセージが入ってきません。

　他にもお風呂や温泉に浸かって「あ～気持ちいい～！」と全身に快感が走る寸前の瞬間

も人は無心ですから、メッセージが入って来やすいのです。それなら、瞑想でもそうなれそうですが、瞑想で無心になるのはかなり困難です。一切何も考えないのが瞑想なのですが、何も考えないということを考えている。脳は活動停止しませんので何も考えないということは意識的にはできません。ただし、一瞬、脳が活動停止するのがトイレとお風呂の時だと意識しておけば良いことがあると思います。

悟りとは、簡単に言えば「分かった！」と思った瞬間のこと。つまり、今まで理解できなかったことを深く理解できた時が悟りの瞬間です。それがトイレで「間に合った！」という安心感が来る寸前、お風呂で「気持ちいい！」という快感が来る寸前に訪れやすいのです。

悟りや閃きがどこから来るかは三つの原因に分けられます。一つは経験から来る閃き、守護霊からのアドバイス、三つめは人生計画で決めてきたことからです。

そういったお告げをもらいたいと神社に行く人もいると思いますが、場所は神社ではなくても、本当はどこでもお告げは得られます。あなたが気持ちいいと思うのなら神社でもパワースポットでもいいのです。実は神社にも本当は神様がいない神社もありますから、その程度に思っていたほうががっかりしないでしょう。

神仏のエネルギー体は、この物質世界だけでなく、もっともっと遥かに大きな全体のことを見ているので、人間のこと、たった一人のお願いや祈りなど聞いてもいませんし、叶えてくれることもありません。ただ目標に向かって自分の力で頑張っている人には、それを後押しするような応援はしてくれます。

だから神社はお願いをする所ではないのです。祈願の内容、参った回数、お賽銭の額や参拝方法など神様にとってはどうでもいいのです。それは人間の世界、物質世界で決めたことに過ぎません。参拝した人にだけ、より多くのお金を納めてくれた人だけ願いを叶えてくれるとかいう、そんな狭い了見は持っていません。もっと広い視野でこの世界を捉えましょう！　神社は誓いを立てる所であり、感謝を告げる場所なのです。しかし、誓いや感謝を告げるのは神社でなくても、今いる場所でもどこでもいいのです。

そうすると、最近神社に行っていない、お墓参りに行っていないと言う自責の念から開放されますよね。

じゃあ、お賽銭やお布施は必要ないのかといえば、そうでもありません。神社やお寺を維持するため、後世に残すためにお金は必要ですから、可能な額を神社とお寺にあげてく

ださいね（笑）

顕在意識と潜在意識の真実

潜在意識とは何か？　実態は誤解されていた！

潜在意識と顕在意識について心理学などでは、脳の中で潜在意識と顕在意識に分かれていると説明されています。よく氷山の一角という絵で表現されていますが、脳の中の潜在意識が約9割占め、顕在意識はたったの1割しか占めていないと言われています。これも実は違うということを指摘する人はいません。

実は、潜在意識は霊体（魂）の意識であり、肉体（脳）の意識が顕在意識なのです。生きている私たちの意識は肉体（脳）だけにあるのではなく、霊体にも意識があり、そこにある意識が潜在意識です。脳の中に二つの層などなく、潜在意識と顕在意識に分かれているわけではないのです。脳つまり顕在意識で繰り返し行われたことが潜在意識に落とし込まれます。

日常的な行動は大部分が潜在意識によって行われています。

　では具体的にどう使い分けているのか考えてみましょう。例えばボールを蹴るという行動にも潜在意識と顕在意識の違いが見られます。

　サッカーボールをほとんど蹴ったことがない人に、いくつか立てたポールをジグザグにドリブルしてくださいとお願いしてもかなり難しいのではないかと思います。頭を総動員して足を動かそうとするのですが、足の動き、スピード、蹴る強さなど一度に様々なことを考えながら、計算しながらドリブルしないといけません。どれくらいの要領でやれば良いかも分からないため、ボールがとんでもない方向に行ってしまうことがほとんどです。もう頭はパンパンになり、足元ばかり向いて前を見ることができないなど、とてもうまくポールをくぐりぬけることなんてできません。

　ではサッカー選手はどうでしょうか？　皆さん軽々とドリブルすることができます。目隠ししてもできるかのように軽快にドリブルできます。これはプロでなくても部活などでサッカーを経験した人や子どもでも見事にできるはずです。この人たちはドリブルをやっている最中にいちいち頭の中で、足さばき、進むスピード、どの程度の強さでボールを蹴るかなど毎回考えていません。何も考えず、無意識でできるのです。これが訓練の末、脳を使わなくてもできるようになった結果なのです。つまり潜在意識にまで叩きこまれたスキルになったからです。何回も、何回も練習することによって潜在意識に落とし込まれ無意識でできるようになったのです。

何も特別なことでなくても日常の行動にも潜在意識で行っていることはたくさんあります。例えば歩くのも潜在意識が行っています。毎回歩く時に、あなたは右足をどういうタイミングで出して、どれくらいの幅で前に出すか、次に左足を出すのはいつ出すかなど考える人はいないですよね。毎回これを計算しながら歩くなら顕在意識を使って歩いていると言えますが、ほとんどの方は何も考えずに何歩でも、何キロでも歩けます。それを顕在意識で考えてやっていたら脳はどれだけ疲労することでしょうか？

ただし、初動だけは顕在意識を使っています。行動を起こす決定をするのは顕在意識です。歩く前に「あそこへ行こう！」と思って立ち上がって歩き出しますよね？　この最初にあそこに行きたいと思うのは顕在意識です。しかし、歩き始めれば、どう歩くか、など体の制御は顕在意識を使っています。だから私たちは歩きながら、会話したり、他のことを考えられるのです。

実際の行動の大部分は、顕在意識で繰り返し行われたことが潜在意識に刻み込まれたことで行われます。

酔っ払って家に帰る時も、途中どう帰ったか、何があったかは覚えてなくてもきちんと家に帰って寝ていますよね？　これも毎日、毎日家に帰るという行為を何年も続けているから帰り道が潜在意識に落とし込まれているからです。だからお酒で脳が機能していなくても帰ることができるのです。でも、引っ越したばかりの時は、まだ帰り道が潜在意識にまで落とし込まれていないため、お酒に酔ったり、何か考え事をしていれば、間違って前の家に帰ろうとすることがたまにありますよね？

奥さんが旦那さんを家から送り出す時、「事故を起こさないように気をつけてね」と毎日言っていると、旦那さんの頭の中では「事故」という言葉だけが潜在意識にまで刷り込まれて、事故を起こしてしまうこともありますから気をつけてください。その時は「安全運転でね」といった声をかけるべきです。そうすれば潜在意識には「安全」という言葉が残りますから、何も考えていない時でも「安全」を意識するようになります。

潜在意識には否定語は入らないというのはこういうことです。言葉や概念は単独で潜在意識に入りますが、それをつなげた文章という形では潜在意識には入りません。つまり「事故」は入るが、「事故を起こさない」は入らないのです。このように潜在意識って意外と怖い。魂にまで落とし込まれた司令によって人間は突き動かされていますから。無意識でやってしまうとはこういうことです。

脳を使ってやっているレベルのことは、まだ自分のものになっていないという証拠です。しかし、何度も、何度も繰り返し練習・訓練すれば、潜在意識を使うことになります。そうすれば何も考えなくてもうまくできるようになります。そして、ここまで徹底的に自分のものになったスキルは魂の意識に入っているということ。だから亡くなってもあの世に持っていけるのです。

いかがですか？　死んだら消えてしまう脳までしか残らない経験程度にするか、死んでも来世に持っていけるように魂にまで残されるスキルにするか？　それも今あなたの真剣さや努力次第なのです。どうせなら来世でも得意なものになるよう、今あなたの仕事を極めたくなってきませんか？

また、潜在意識には、これまでの全ての前世の記憶も収められています。それはとても膨大な記憶の量となります。ただ生きている時は、その記憶に蓋がされ閉じられています。生きている時は脳があるからです。しかし、たまにこの蓋の閉じられ方がゆるい人がいます。こういった人が前世の記憶を覚えているのです。

顕在意識とは「脳の意識」、潜在意識は「魂の意識」ということを肝に銘じてください。

陰と陽と巴　物質が生まれるしくみとは？

陰陽の思想はご存知かと思います。森羅万象、宇宙のあらゆるものが陰と陽に分類され、陰と陽は対立する性質を持っているという思想ですが、それだけが本質ではありません。

実は陰と陽のエネルギーが全てのものを生み出した中心であるということがとても重要なのです。全てのエネルギーの源であり、宇宙を生み出したのも陰と陽。つまりビッグバンです。

積極的なもの・ポジティブなものが陽で、消極的なもの・ネガティブなものが陰と捉えがちですが、これも少し違います。陽は欲などの「負」に負けてしまうのです。もともと陽の中にはネガティブなものが含まれていませんので一度取り込んでしまうと飲み込まれてしまうのです。そもそも、ネガティブは陰に内包されているわけでもなく、人間の作り出す思考や感情です。

陰は陰のエネルギー単体だけで動きません。陽も陽のエネルギー単体だけで動きません。ただエネルギーとしてそこにあるだけです。

陰陽の文様は有名ですが、陰と陽が渦のようにくっついていますね。実際のところ、陰と陽はくっついておらず、すごく近い状態にあり若干隙間があるのです。対極のものですからくっつくことはないのです。この二つの隙間に摩擦が起こり、干渉し合うことによって「負」というエネルギーができます。でもここには陰と陽しかありませんから、負の行き場がないんです。では生まれた負がどこに行くかといえば、陰の中に入り、陰の中に蓄積されます。蓄積され大きくなった負はいずれそとに出て行かないといけなくなります。

そんな蓄積された負のエネルギーが大きくなって外に出た時、三つのエネルギーとなって回り始めます。二つの均衡が崩れ、三つの力となり回転し始めるのです。それが「巴」です。つまり陰陽の勾玉のような形が三つの渦になった文様が巴です。陰と陽だけだと均衡がとれ、ただ止まっているだけです。動かないから何も生まれないのです。しかし「陰」

と「陽」に「負」が入ることで、均衡が崩れ、三つが回転し始めます。これが巴であり、万物が生まれる始まりなのです。つまり、この物質世界の始まりです。巴になることで物質として動き始めるということです。こうして時間というものが始まり、この世の全ての物質つまり宇宙の全てのものは生まれたのです。

だから「負」は決して悪いものではないのです。物事を動かすために必要な力ですから。例えば「欲」や「悔しさ」や「嫉妬」は悪いものとされがちですが、そういったものを今以上に成長したい！　という原動力として使えば、それは悪いものではありませんよね。欲があるからこそ、もっと頑張ろうという気力が出るのです。だから負の要素も使いようなのです。負の要素がなければ物事は動かないし、何も生まれないのです。陰陽と巴の真理から、このような人が成長するきっかけまでも想像できますね。

陰と陽が全ての始まりだということを理解していただけましたか？

実は今、陰と陽のエネルギーが人となってこの物質世界に存在しています。これはかつてなかったことです。全世界の中で、全次元の中で、陰が一人、陽が一人、日本に人間として生きています。ある役目があって、人間としての経験も必要だから今人間として生まれてきているのです。これはブッダやキリストが人間として存在していたことの比ではありません。神様というエネルギー体が人間になったというよりもありえないことです。それが誰かは明かせませんが、二人とも日本にいます。それは神以上の存在だから、というか神仏のエネルギーを生んだ元ですから、神様とも会話でき、呼ぶこともできます。

陰と陽がどれだけ大きな存在かを説明すれば、魔界というものは陰の中にあり、陽の中に神と人が存在しています。それぐらい大きな存在なのです。

このような神以上の存在である「陰」と「陽」は神と呼ぶことはできますが、普通の人間が神を呼ぶとか、龍や鳳凰を使うなどありえないのです。たまに、それができるというスピリチュアル業界の方がいらっしゃるようですが、それはその人が見えない世界のことを分かってない、見えていないと証明しているようなものです。早く本当のことに気づいて欲しいですね。人間なんかに遥かに大きな存在であるエネルギー体が使われるわけありませんから。神が人間の言うことを聞くと思いますか？　アリがゾウを使えますと言っているのと同じです。

このように陰陽と巴の形に秘められた深い意味を知れば、また違った世の中の見方ができます。

輪廻転生とは？
生を何度も経験するために……

肉体から魂が離れて、この物質世界の縛りから自由になることが死です。だから別空間のあの世に行って再び生まれ変わってくるのです。

もし輪廻転生というものがなく、生まれ変わることがないのならば、毎回新しい魂ができないといけないことになります。死によってその人の魂まで消滅してしまうのなら、たかが百年以内に何を学びに生まれてきたのでしょうか？　たった一度の人生だけでどれだけのことが学べると思いますか？　それはわずかです。たかが百年以内で人が学べることは限られています。

だから人は何度も「生」を経験して、徐々に学んで成長するために何度も生まれ変わるのです。男性に生まれたり、女性に生まれたり、日本人に生まれたり、アメリカ人に生まれたりしながら魂としての成長を学びに生まれてきているのです。これが輪廻転生です。

植物が水と光と酸素と二酸化炭素を得ながら伸びるのと同じように、人は何度も生まれ変わることで経験を得ながら魂が成長していくのです。花や木に宿る「伸びようとする力」は、あなたの中にある力と同じ。これが自然の摂理です。人間も自然の一部であることを思い出しましょう。

伸びるため、繁栄するために。全体が成長するために、全体がより良くなるために。一人ひとりに何かの役割を与えられて生きているのです。しかし全体のために存在しているのでもなく、あなたはあなたのために、あなたが主役としてここにいるのです。

それはあなたの魂の成長のため。

一度の人生だけでは人間としての成長がわずかにあるぐらい。せっかく生まれたのに何の成長もしないまま亡くなっていく人もいますが。おそらくその人は来世でその分だけもっと多くのことを学ばされ、苦労するのかもしれませんね。また今世で何の苦労もなく幸せに過ごしている人は、前世で途方も無いほど苦労をしたり、努力して成長した結果、今世はご褒美のような楽な人生を送ったりしているのかもしれません。それも二回目の輪廻転生ではなく数十回目の生まれ変わりでやっと巡ってきたご褒美なのかもしれません。魂とはそうやって何度も生を経験してようやく成長していくものなのです。

だから、人生の秘訣は「成長する道を選ぶ」ということです。それを自ら望んで選ぶ人に神仏のエネルギー体は力を貸してくれるのです。

前世の記憶は脳には残っているわけではないので、それを覚えている人はいません。前世の情報は魂の記憶に刻まれています。

ただし、輪廻転生の回数が大事ではありません。大切なのは一回の人生の質です。たとえ10回の転生を繰り返していても、全ての生をぼんやりと生きてきた人と、2回しか転生していないが、濃密に多くのことを学んできた人を比べれば、次に生まれてきた時には明らかに後者の方が賢くなって生まれてきます。

では、輪廻転生があるとなれば、こんな矛盾や疑問が湧いてくるのではないかと思います。輪廻転生があるのなら、人口の増減と魂の数が一致しなくなるんじゃないか？　と。輪廻転生があるということは魂がこの世とあの世で行き来しているということで、人口と魂の数は一致する。しかし、人口がこれからも増え続ければ、霊界にいる魂がいつかは足りなくなるんじゃないか？　また、人口が減少すれば、霊界にいる魂が余ってしまい、次に生まれられなくなるんじゃないかと。

例えば、一人亡くなれば、この世の人口が一つ減り、あの世の魂が一つ増える。5人生まれれば、あの世にある5つの魂が減るんじゃないかという疑問です。

しかし、そんな心配はいりません。これは地球だけの話ではないのです。魂が次にどこに生まれるかはこの地球、物質世界にだけでなく、他の星、別の次元、別の空間にも知的生命体・ヒューマノイドとして生まれます。だから地球に生まれる人が少なくなれば、他の次元、他の星に人間とは違うヒューマノイドとして生まれるのです。

魂は地球にいる人間の数より遥かに膨大な数で存在しますので、全ての魂が地球に生まれ変わっているわけではないのです。魂の数は72億よりも遥かに膨大な数で存在しているのです。

でも一度地球に生まれた人は、地球の良さが分かっていますから、また地球に生まれたいと願い、一度日本に生まれた人は日本がいいから次も日本に生まれたいと願う人が多いのは事実です。しかし、今度は他の惑星に生まれたいと願う元地球人もいるはずです。そしてごく稀に前世では他の惑星に生まれていたヒューマノイドが、今世は地球に生まれてきたという人もいますが、それは珍しいことだと思います。

やっぱり慣れ親しんだところがいいのは生きている私たちが思うことと同じなのです。しかし、輪廻転生の場が地球だけという制限もないのです。

だから霊界でも地球に生まれた人同士は近くに集まっています。違う次元、違う空間のヒューマノイドはその人達で寄り添って来世の人生計画を立てています。

次は猫に生まれ変わりたいって本当に可能なの？

魂のレベルとは？

よく魂のレベルが高いとか低いと言う人がいますが、魂のレベルとは何でしょう？

レベルといえば、高い方が優れていて、低い方が劣っているということになります。では魂のレベルとは何でしょうか？　この言葉は、なぜか「私の魂のレベルは高い。」と自負している人の口から出てきます。「私の魂のレベルは低いから」などと自ら言う人は、おおむね魂のレベルが高いと自称している人に言われたケースが大半です。自称魂のレベルが高い人からマウンティングされて自信をなくした思考になっているのだと思います。魂のレベルが高いと自称する人からの悪影響を受けているといえるでしょう。

もし、影響を受けていないのであれば、その魂のレベルという言葉はどこから出てきたのでしょう？

魂というエネルギー体にはラベルはありますが、レベルは存在していません。水と同じです。本来の水の構成元素は同じH_2Oです。そこに含まれるH_2O以外の元素によって、水の状態が変わるだけです。例えば、硬水と軟水、ミネラル水と水道水、真水と海水、澄んだ水と濁った水などです。水に含まれる元素という情報が違うことによって引き起こされているのです。

情報の良し悪しによる魂の高低はありません！　今世で素晴らしい人であっても、来世は大悪人をやっているかもしれないのです。テレビや舞台や映画の役者と同じです。役者には役者としての上手下手のレベルはありますが、それがイコール人間性ではありませんよね。どんなに人間性が悪くても、人気があったり、役者としての能力が高ければ主役になれます。どんなに人間性が優れていても悪人顔や演技が下手な役者は主役になりづらいのです。

意志を持ったエネルギー体にあるのは、レベルではなくラベルです。ラベルを言い換えると種類とも言えます。

どういうラベルかというと、神や仏に類する存在というラベル、人とヒューマノイドという文明を構築する存在のラベル、動物という存在、虫という存在、悪魔と魔物と称される存在、これだけです。そのエネルギー体にはそれぞれの役目があり、その役目をこなすために存在しているのです。

またこれらのラベルは大きく三つに分類されます。「神仏」「魂」「魔物」です。「魂」のラベルを持つエネルギー体の中に人間・ヒューマノイド、動物があり、肉体を持てるのがこの存在だけです。「神仏」と「魔物」は肉体を持ちません。

ラベルは違えども同じ霊界と言われる「魂だけが集まった世界」から全ての宇宙や全ての次元にこれらの存在はそれぞれ供給されるのです。

もし、あなたが次の人生は猫にでも生まれ変わってのんびり過ごしたいと願っても、「人間」と「動物」というラベルが違うのでその肉体に宿る人生設計はできません。その代わり、別の星や別の次元の肉体に宿る人生設計を行い、その人生を経験することはできます。そうやって地球以外に存在するヒューマノイドに生まれ変わることは可能です。

魂のラベルで一番高位にあるのが「人間」です。例えば、スポーツの世界で言えば、アマチュア選手の幼児が最下層のレベルから、プロ選手と言われる最高位のレベルがあるように、ヒューマノイドのラベルにも層があります。

これは現実世界にもあります。裕福な人から貧困状態の人、何も考えずに日々を過ごしている人から学者という専門分野で研究している人、政治や経済を牽引している人です。これは、その人の努力の結果がそのような状態を作り出しているのです。今世だけでなく、前世からのデータの蓄積に左右されることは当然のことです。

しかし、この層は物質世界の層であり、霊界の層ではありません。何故なら、霊界には支配階級も何も無いからです。全ての魂が平等です。魂の世界（霊界）は個々に人生設計を行うだけの場所です。自分の人生設計を行う上で、家族だった人、関係する人々との打ち合わせや承諾が成立した人だけが自分の直接の人生に係わるからです。

先祖が祟るは本当か？

先祖と子孫の関係は、親と子の関係と同じ

よく「先祖が祟る」という言葉を耳にしますが、この言葉を鵜呑みにしていませんか？本当に先祖が祟るということがあると思いますか？ ここで一旦、冷静になって考えてください。

あなたもいつかは亡くなります。あなたが亡くなって、あなたの子孫にとっての先祖になった時のことを想像してみてください。あなたは、自分の子孫が墓参りに行かないとか、供養もしないということがたとえあったとして、あなたはそんな子孫を不幸にしたいと思いますか？　全ての人が「いいえ」と答えるはずです。

子孫が墓参りにも行けないほど、自分の仕事に頑張っていたり、忙しくしていれば、それを祟るどころか喜ばしく思うのが普通の人の感情ではないでしょうか？「墓参りなんて来なくてもいいから、お前たちはお前たちの生活をまず大事にしてほしい」と願うのが親・先祖が持つ自然な想いではないかと思います。おそらくそんな子孫たちをにこやかに見守るだけでしょう。

何があっても、何をしなくても、子どもや孫・子孫は、ただただ可愛い存在なのです。「先祖が祟る」という言葉がまかり通っているのは、人は亡くなったら何か違う存在になると思うせいなのか分かりませんが、そうではないのです。人は亡くなっても、生きている時と同じ感情を持っています。生きている普通の人たちと同じ感情を持ち、亡くなっても気持ちは何も変わらないのです。生きていた時と同じ存在で、ただ肉体が無いだけ。

だから亡くなった人達の感情を、生きている私たちは理解できるのです。同じ気持ちを持っているだけですから想像できるのです。

少し違う角度からこのことを考えてみましょう。もっと身近な話でいうと、いつでも出来る一番の親孝行とはなんでしょうか？

親に会いに行くことですか？　話を聞いてあげることですか？　何かをプレゼントすることですか？

もちろん、どれも親にとっては嬉しいことです。では、青い顔をして親に会いに行って、親は嬉しいでしょうか？　子どもがお金に困っているのにプレゼントをされて嬉しいでしょうか？

どれも違うと思います。

健康でニコニコしてくれているのが一番の親孝行なのです。

先祖も自分の子孫が健康で幸せを感じてくれていれば、それで満足するのではないでしょうか？　普通に考えたら分かることです。それを「専門家が言うのだから」と鵜呑みにするから「おかしな話」がまかり通るのです。

だからといって先祖に対して何もしなくていいと早合点しないでくださいね。先祖に感謝するのはとても重要なことです。今の自分がここに存在するのは、全ての先祖がいてくれたお陰なのですから。

お墓参りに行けなくてもいいですから、仏壇の前でなくてもいいですから、いつでもどこでも、時々でもいいから先祖のことを想い、先祖に対して感謝はするべきではないでしょうか？

「感謝」こそが一番の先祖供養になるのです。

水子の霊はあるのか？

水子供養が始まった理由とは？

「水子の霊」についてもあなたは鵜呑みにしていませんか？

そもそも「水子の霊」というものは存在しません。驚く方が多いかもしれませんが事実です。僧侶や、占い師や、霊能者や、見える人という人たちの口から、よく「水子」という言葉が出ています。しかし、これも「専門家が言っているのだからそうなんだろう」と鵜呑みにするから、いつの間にか水子というものが存在するという誤解が生じてくるのです。

実は、現在よりも見えない世界と密接だった平安時代に水子供養は行われていません。江戸時代は亡くなった子どもの魂を供養するために地蔵講という形で庶民は子どもの供養を行っていました。しかし、地蔵講は一度生まれてきてから亡くなった子どもの魂を供養することを目的として行っていたのです。流産したり、堕した子どもの魂は供養の対象外だったのです。

残酷な話のように思われるかもしれませんが、お腹にいる胎児には2種類あって、魂がある胎児と、魂が宿っていない胎児がいるのです。生まれる前からその子が生まれるかどうかも霊界で立ててきた人生計画で決まっているのです。

魂のある子は、臨月のギリギリまで母親がどんなに激しく動こうが、転ぼうが、子どもは元気に生まれてくるようになっています。一方、魂が宿っていない子どもは、どんなに母親が気をつけて静かに生活していても流産や死産などの理由で生きて生まれてこれないのです。ただし、その母親のもとには子どもが絶対生まれないということではなく、次の妊娠では生まれるということも多々ありますので決して悲観しないでくださいね。

親としては生まれたばかりの子どもを亡くしたショックはとても大きいもので、なかなか立ち直れずに家事もできなくなるほど参ってしまう母親は数多くいました。そんな鬱状態になった母親を何かで慰め、立ち直ってもらうための何かきっかけのようなものがどうしても必要でした。それが「水子供養」の始まりです。

子どもを亡くして鬱状態になった母親に対して、お経をあげ「あなたの子どもさんは成仏しましたよ。」と伝え、気持ちを楽にすることによって回復させたことが始まりだったのです。あくまでも生きている人を救うためです。お釈迦様は嘘も方便と言っています。その人を救済するためなら嘘をついても構わないということです。

鬱病になると、精神的な疾患により、本人が動きたくても体が動くことを拒否するようになります。当時の主婦の労働力は現在の主婦の労働力に比べると格段に大きなものでした。炊事はカマドで火を起こし、調理を行っていました。その時代に炊飯器は無いのです。レンジで温めるごはんもありません。洗濯も全て手洗いです。洗濯機もありませんでしたから。掃除に至っては掃除機も掃除ロボットが無かったのです。ハタキとホウキと雑巾で行っていました。

そんな一家の大事な存在である主婦に寝込まれたのでは一家が回らなくなります。そこで、出番になったのが僧侶だったのです。僧侶がお経を唱え、「赤子は成仏しましたよ」と告げられることで母親は回復していったのです。

そうなると、神通力があるお坊様ということでお布施が入り、近隣に名前が轟きました。その真似をする僧侶や巷の拝み屋さんが行い始めて全国に広まっていったのが現在の水子供養です。

だから「水子の霊があなたに取り憑いて問題を起こしています」と言って除霊を勧めてくる霊能者がいたら、静かに遠ざかってくださいね。流産した子どもの霊があなたに取り憑くことは絶対にありませんので除霊の必要はありません。そもそも魂がなかったので霊体もありませんので、ありえない話です。

生き霊っているの？ 生き霊の作り方、教えます

生き霊はいないとは言えません。そもそも生き霊とは何でしょうか？

生き霊とは、生きている人の怨念などによってできる強いエネルギーのこと。恨んでいる人がその怨念などのエネルギーを対象者に送り続けることによってできます。こうして生き霊を作ることはできますから存在するといえば存在します。しかし、それはとても容

易なことではないのです……。

では生き霊を作るために、どのようにすれば良いのか。約15分ほどかけて恨みなどの怨念を強く念じることで、１８０ＣＣのグラス半分程度の悪意のエネルギー体を作ることができます。当然エネルギーですから、発信者から対象の受信者に離れていても送ることができます。

ただし、送れるのは実際に見かけたり認識したことのある人に限ります。つまり実際に会って霊体を認識したことがある人だけにしか送れません。そして、相手に届いたエネルギーは負のエネルギーですから、対象者にとって良いものではありません。この負のエネルギーは対象者に融合することなくそこに存在します。

しかし、この負のエネルギーは不安定なために15分ほどで消滅してしまいます。ですから、消滅させないために再び15分に一度ずつ2週間から3週間かけて悪意のエネルギーを送り続けることにより、やっと自分と同じサイズのエネルギー体を作ることができます。

そうすると、恨みの意思のみを持つ独立したエネルギー体となり、対象者に取り憑いて、相手から自分が存在するためのエネルギーを搾取することが可能になります。これが生き霊です。

さて、これをできる人が本当にいると思いますか?
あなたに、15分に一度憎悪のエネルギーを2週間から3週間送り続ける時間と体力と根性がありますか? 実際にはほとんどの方には不可能なことです。よく、「人を呪わば穴ふたつ」と言いますが、この穴は墓穴の事です。呪う人も墓に入ってしまうほど大変な労力が必要なのです。

人を呪うのはそれだけ大変な技であるということです。普通はできませんよね。そもそも、霊が見えるという人が本当に霊と生き霊の区別ができているのでしょうか? 霊はエネルギー体である故に、形は自由です。霊はどんなものにも形を変えてみせることができるのです。見える人にとっては見えたモノが全てです。疑うことをしません。だから、見たままを信じ込み、「生き霊が憑いているようです」などと人に伝えてしまうのです。霊が形を自在に変化できるという前提を忘れてしまっているからです。

度々、生き霊という言葉を耳にしますが、そんなにたくさんの生き霊がいると思いますか? 全くいないとは言いませんが、そんなにいるとも思えません。15分に一度憎悪のエネルギーを相手に2週間から3週間送り続けられる人はそういないと思いますから。

なぜ人は霊能者に騙されるのか？　嘘の見分け方を教えます！

「霊能者に騙された！」という話を度々耳にします。

逆に言えば、なぜ人は霊能者に騙されるのでしょうか？　それは、「霊能者は専門家であり、自分は素人である。故に専門家の言うことは正しく、自分には何も分からない」という前提があるからです。

例えば、「ドクターは医療に関しての専門家である。故にドクターの言う事は正しい」この図式と同じです。では、あなたがドクターだと思っているその相手が１００％正しいでしょうか？　残念ながら、そうではありません。

なぜならドクターも専門外になると正しいとは限らないし、そのドクターが本物かどうかの問題があります。例えば、診療所にいて白衣を着ていれば、誰もがドクターだと信じてしまいます。しかし、ニセ医者の可能性もあるのです。

ドクターは国家資格を持っていますが、ライセンスを持ったドクターでも過去の経歴を詐称して、自分のキャリアを粉飾するような不届き者の医者も実際いますので、肩書きだけで盲目的に信用してはいけないのです。

では、霊能者はどうでしょう？　国家ライセンスがありません。それどころか、税務署や警察では、霊能者という仕事を職業欄で記入することを認めていません。要するに、国が認めていない職業なのです。しかし、現実問題として、霊能者という生業で生計を立てている人はかなりの人数がいるようです。見えない世界は証明できないため誰でも霊能者と名乗れば霊能者だと言い切れます。だから本当は見えなくても霊能者と名乗っている人が多いのです。

かくなる私（S爺）も霊能者という生業で生計を立てています。私は「霊能者の話を鵜呑みにしてはいけない」といつも話しています。当然私自身の発言も疑うように常々話しているのです。分からないモノを「そうなんだ！」と鵜呑みにすることは、オレオレ詐欺に引っかかるのと同じ結果になる可能性があります。「だから疑いなさい。納得できること、理解できること、体感できること、辻褄が合うこと。それが本当のことだよ」といつも言っているのです。

これが嘘を見分ける方法です。分からないことがあったら、納得できるまで、理解できるまで、とことん聞くことです。そんな風にしつこく聞かれることを嫌がったり、怒ったりするような霊能者がいたら、そんな人は信用しないほうがいいのです。本当に見えない世界のことが分かっているのなら、相手が理解できるまで詳細に説明してくれるはず。少なくとも私はそうしていますよ。どんどん質問を深掘りされればされるほど、怒るどころか私は嬉しくなってとことん質問に付き合います。

質問されて怒るということは、それ以上答えられないところまで踏み込んだ質問をされたからです。自分の領域を侵される恐怖感といいますか、自分が一番触れられたくないところに触れられたから怒るのです。つまり嘘がバレるというところまで近づいたためにそれを避けようと、逸らそうとして怒るのではないか、と思っています。化けの皮を剥がされたくないから、嘘を隠したいから「それぐらい分からないのか！」と怒鳴ることでその質問を終わらせて、逃げたいのです。

もう一度ここで復習しますが、生きている人は霊体と肉体が一緒になった存在で、亡くなった人は、肉体から離れた霊体だけの存在です。違いは肉体があるか無いかだけ。霊体は生きていても死んでいても同じです。

人間っぽくない霊の話を聞いたら、疑ってかかったほうが得策です。そしてその霊が考えていること、訴えていることについてとことんその霊能者に質問してみましょう！　そして何か体感できる現象を見せてもらいましょう。

とかく人は亡くなって霊体になると、何か特別な存在に変わるように思いがちですが、実は霊になっても人間の時と思考はほとんど変わりません。

霊になっても人間は人間なのだから、思考と行動は人間と似たり寄ったりです。肉体があるか無いかの違いに過ぎないのですから。肉体を持つ人が行うことと肉体を無くした霊が行うことも同じなのです。

ただ、執着心がより強い人達が霊界に行かず、この物質世界に残っているのです。

あなたに害を与え、憎くて仕方がない人が、幸せそうにしている姿を見たら、あなたは何とも思いませんか？　おそらく悔しいとか妬みの感情を持つのではないかと思います。ではあなたが、憎くて仕方がない人の不幸で惨めな姿を見て、何とも思いませんか？　可哀そうにと思いますか？　普通だったらザマアみろと思いますよね。肉体があっても無くても考えることは変わりません。

恋愛感情から相手に執着し過ぎてこの世に残る霊もいます。

あなたは大好きな異性をみんなで共有したいですか？　独り占めしたいですか？　おそ

らくほとんどの人が好きな異性を独り占めしたいと思うはずです。肉体を無くしても思うことは同じです。

母親が子どもの意思を無視して、子どもに自分の考えが正しいからと押し付けます。霊も本人がどうしたいかではなく、自分がその人をどうしたいかが優先されます。生きている人も肉体を無くした人も何ら変わりはないのです。

考えること、気持ちや心は生きている時と変わらないのです。肉体を離れて、霊体になっても人は人です。特別な存在になるのではありません。

肉体から離れた人の中でも、執着心の強い人だけが我々同じ物質世界に留まるのです。それ以外の人々は、死神の案内で異空間にある霊界へ行くのです。

しかし、それを証明する方法はありません。どうしたら分かるか？　それは死ねば分かります。本当は全ての人がすでに経験していることなのですが、記憶の蓋が閉まっているので、思い出すことができません。

だからこそ、死後の世界を説く人はたくさんいるのです。どれが本当で、どれがマヤカシか知る術がありません。そんなマヤカシを鵜呑みにする人達が宗教団体や霊能者と称する人に利用されるのです。

チャクラ、オーラについて

チャクラの使い方、オーラの使い方が間違っています！

チャクラの本当の意味も誤解されているようです。よく「チャクラが開く」という言葉も聞きますが、チャクラは開くものなのでしょうか？　これは違います！　チャクラとはサンスクリット語で車輪、円を意味するもので、回るものなのです。心や体の調子によって回転が速くなったり、遅くなったりはしますが、開いたり、閉じたりするものではないのです。気持ちが落ち込んだ時は回転がゆっくりとなり、ハッピーな状態の時は速く回り出します。チャクラが回転する方向は右回りです。

声のトーンが低いときは、チャクラがゆっくり回っています。逆に声のトーンが高いときは、チャクラの回転が活発化しています。私は相手のチャクラの回転を変えることができるので、声のトーンが低い人のチャクラを相手の見えないところで速く回してやると、とたんに声のトーンが高くなって気持ちが上がってきます。

霊体（魂）であった時も人は7つのチャクラを持っています。それが肉体を持った人間として生まれた時にも7つの部位の同じ場所に振り分けられています。

魂のチャクラも7つ、体にあるチャクラも7つで同じ場所。「心身一如」という言葉があるように、心と体が一体になっている事実はこのことからも分かりますね。健康になる秘訣は、心を元気にすることです。では、心を元気にする方法は、あなたが心から「楽しい」と思うことをすることにつきます。このように真実は意外とシンプルですが、なかなか難しいと思う方が多いようです。でもこのことを意識しておけば徐々にできるようになるはずです。

またオーラもチャクラと同様に誤解されている方が多いように思います。

オーラは波動の中に入る自分の情報です。そこには体や感情の情報が詰まっています。波動の中に精神的、肉体的な情報が入ったものがオーラの実態です。だからオーラはその時の状態によって色が変わります。その時の状態しか出ません。オーラには右も左もなく、過去や未来の情報は入っていません。だから「あなたのオーラは赤色ですね！」ではなくて、「今のあなたのオーラの状態は赤色です」が正しいのです。その時の気分によって色（情報）は変わりますから、数分後は何色に変わっているか分からないものなのです。「あなたのオーラは何色ですから、未来にこういうことを成し遂げるでしょう」「あなたは過去にこうでしたねとオーラに表れています」みたいな予言・助言をする占い師などがいたら疑ってください。

宇宙意識、宇宙エネルギーって何？

あやふやで煙に巻くような言葉を信じない！

宇宙のエネルギー、宇宙意識という言葉もスピリチュアルの世界ではよく使われています。私はこの人たちが言っている宇宙が何を指しているのかが分かりません。私からすれば、私たちがいるこの地上も宇宙です。何も特別なものでも、遠くにある神聖なものでもありません。

空気も、光も宇宙エネルギーです。常に浴びているし、利用しています。私たち自身も宇宙から生まれたものですし。空気に意識はありますか？　当然ありません。空気として存在しているだけで、そこに意識はありません。光にも意識はありません。ただ降り注いでいるだけです。

空気に意識はありません。「いや、風がある！」と反論するかもしれませんが、風があるのは熱のせいです。熱が高いと空気が上に上昇しようとします。こうして気圧の差が生じて風が発生するだけです。単なる物理現象で、そこに意思はありません。

同様に宇宙自体にも意識はありません。車に意識がないのと全く同じです。それなのに宇宙からメッセージを受けたなどと言っているのです。「宇宙意識と繋がりましょう！」と言いますが、何と繋がるというのでしょうか？　何と一体になりたいのか？　とても不思議です。

宇宙と繋がったりとか、宇宙からメッセージを受けなくても、すでに私たちは宇宙の一部なのです。こんなこと少し考えれば分かるはずなのですが。


ではこの人達が言っているのは「悟り」ということでしょうか？　悟りは実は簡単にできます。悟りとは、「そうか！」と何かが分かった瞬間のことです。だから誰でも経験していることですし、何も宇宙からもらわなくても日常生活で起こっていることです。そして悟りとは悟った瞬間から日常化して陳腐化してしまうもの。当たり前になりますから特別なものでもないのです。

だから悟りも宇宙からもらわなくていいのです。

私からすれば、遠いどこかの惑星からの声を聞くよりも、地球の声を聞け！　と言いたいです。遠い惑星からわざわざ地球までメッセージを届けるような物好きな知的生命体もいないだろうし、その惑星の人は、その惑星のことで頭がいっぱいで、見ず知らずの地球のことなんか意識なんてしていませんから。とんだ自意識過剰です。

実際、地球の中にはエネルギー体がいますので、そこからのメッセージはあります。神に近いレベルのエネルギー体です。地球の中心にいるエネルギー体が人間へメッセージを送ることはありえますが、そんなに遠い星のエネルギー体がわざわざ地球に何か言いたいこともないと思うのが普通だと思いませんか？　北海道の人が九州の人に何かいちいち言いますか？　よっぽど地球からのメッセージのほうが身近で私たちに関係あります。

だから宇宙とコンタクト取る必要もないし、そもそも宇宙に意識はありません！

それより地球の中のエネルギー体が人間に警告していることのほうが重大です。

第四章

見えない世界の法則を知って現実に活かす

簡単な除霊の方法

浮遊霊なら誰でも除霊できる！

あなたに因縁の無い浮遊霊は誰にでも簡単に外せます。例えば、カラオケに行って熱唱するのです。そうすると、霊は嫌がって離れて行きます。冗談みたいですが本当です！

霊になっても生きている時と思うこと、感じることは何ら変わりません。例えば、熱血的でいつも元気で大声を出し、熱く情熱を持って語りかけるような人がたまにいますよね。そういう人があの熱量であなたの目の前で語られたら、すぐ近くで話を聞きたいですか？　それとも少し離れたところで聞きたいですか？

そうです！　皆さん少し離れたところで聞きたいのです。熱すぎるのはウザイけど、離れて見ている分にはおもしろいからです。ということは逆に元気なく落ち込んでいると霊に憑かれやすくなるということです。そういう弱っている人は霊にとって居心地がいいからです。だから霊に憑かれたくなかったら熱く元気でいることですね。

霊も魂を燃やされるとウザイのです。だから離れて行くのです。同じように、マッサージやエステでヒーリングの能力があり、手技の優れたお店に行っても霊は離れて行きます。だからそういうお店には、憑いていた人から離れた霊が溜まりやすいのです。

そういったお店には、焼き塩という方法をお勧めします。赤穂の塩や伯方の塩を一つかみフライパンで乾煎りするのです。そうすれば塩の浄化力と炎の浄化力が融合して、空気が浄化されます。ホワイトセージの葉を燃やしても効果は同じです。塩だけ、炎だけでは浄化力が足りないのです。

焼き塩って何？　誰でもできる霊除けの方法

太古の昔から塩と炎には浄化の能力があると言われています。ただ、この塩とは精製塩ではなく、天然塩を指します。母なる海のエネルギーが凝縮されたモノが塩です。また炎には全てのモノを焼き尽くす力があります。

しかし、天然塩単体や炎単体では皆さんが思っているほどの浄化力はありません。炎と塩の浄化力が結合することで、霊が居づらくなる浄化力を発揮するのです。しかし、この方法では、悪魔や魔物と言われる存在に対しては有効とは言い難いほどの力しか発揮できません。悪魔や魔物にまで効力を発揮するのがホワイトセージの葉を乾燥させて燃やす方法です。

浄化された空気を霊は好みません。浄化された空気を好む人とは真逆ですね。浄化された空気は、霊にとってウンチの臭いのようなものです。今すぐそこから避けたくなる空気なのです。なぜ浄化された空間や空気を彼らが苦手なのかというと、浄化された空間や場所は神仏といわれるエネルギー体が存在する場所だからです。霊は自然の摂理に反して、この世の空間に残ったのですから、自然の摂理の権化である神仏と呼ばれるエネルギー体が怖いのです。


焼き塩のやり方は、天然塩をフライパンに乗せて、強火で3分間乾煎りをしてください。その場所に何も霊が居ない場合は、薄いキツネ色になります。女性に分かりやすく言うと、ファンデーションのオークルという色です。3分間以上やっても効果はありません。なぜなら、3分間でエネルギーを放出してしまうからです。

塩の量を増やせばもっと長く浄化時間を保つことはできますが、3分も行えば普通の家なら全ての空間を浄化できるから大丈夫です。浄化は空気の対流によって行われます。ですから、家と外部を遮る役目の窓やドアを閉めて、室内の扉を全て開放状態にして行ってください。害虫駆除のくん煙剤を焚くのと同じ方法です。

焼き塩は、浮遊霊に対してのみ効果があります。地縛霊には効果がありません。なぜなら、地縛霊は動きたくても動けないからです。例えば、あなたが自由に動ける状態で悪臭のする部屋にカギをかけないで入れられたら、そのまま部屋に居続けますか？　そうですね。自ら部屋の外に出ますね。では、手足を縛られた鎖に繋がれた状態で悪臭のする部屋に入れられたら、部屋の外に出られますか？　無理ですよね。それと同じです。何らかの因縁や自殺などでそこに居るのですから、動けないのです。だから、地縛霊には効果がないのです。

では乾煎りした塩はどうすれば良いか？

白いお皿に乗せて一晩置きたいところに置いておくだけで大丈夫です。ただし地面に置いてはいけません。この焼き塩の効果は最大24時間ぐらいと思ってください。24時間経過した後に、焼き塩は生ゴミとして処分してください。決して、庭に撒いたり、下水道に捨てないでください。塩害の元ですから。葬儀や霊が居そうな場所に行く時は、乾煎りした塩を紙に包んで持ち歩くと彼らは近づいて来ませんから、霊除けにはなります。

お墓について　亡くなった方の魂はお墓にいるのか？

お墓には3種類のお墓があります。

まず、土葬です。肉体をそのまま土中に埋め、そこを墓所とするケース。2番目に、肉体を焼却して、遺骨を納める形の墓所。3番目に、肉体が無いために、遺物や想いを込めた墓所です。

埋葬方法もいろいろあります。墓所、鳥葬、散骨などが有名ですね。

さて、土葬の場合、魂がそこにいると思いますか？　お墓は亡くなった方を縛り付ける場所なのでしょうか？　あなたならそんなお墓へ死後に入りたいですか？　亡くなった方の魂はお墓にはありません。当然霊界に行っているのです。お墓に魂があるのなら、亡くなった方々は全てこの世にいることになります。それではいつまでも生まれ変わることはできません。

お墓は生きている人のためにあるのです。生きている人が感謝の気持ちを持ち、故人を偲ぶ場所です。

例えば、ヒンドゥ教のように聖なる川に流したり、自然に任せたり、焼却して残った骨などをそれぞれのやり方で供養したり、国が変われば様々です。墓所の無い宗教も存在しますから。

本人が亡くなってからお墓を購入するケースがあります。もしお墓に魂が入るのならこれはとんでもないことです。そして世界で統一してお墓の在り方や定義を決めておかなければ、亡くなった方の魂の行き場がないというおかしな事態になります。まあ、そんなことはないのですが。

このように墓所に先祖や故人は存在しません。墓所は霊界とも繋がっていないのです。僧侶が霊界と繋げられるのでしょうか？　そのような橋渡しはできません。僧侶は生きていて苦しんでいる人の心を救うのが仕事です。仏教の開祖であり僧侶であるブッダは、生きていて、心が病んだ人を救いたくていろんな教えを説いて回ったのです。キリストもしかりです。

墓所は生きている人のためにあるのです。亡くなった方を偲んだり、たまたま行き合わせた人と旧交を温めたり、普段会えない親族や共通の知り合いと出会う場所が墓所なのです。

母性愛と父性愛

魂に刻まれた女性と男性の違い

今、男性・女性とはという認識において、差別と区別が混同されているのではないかと感じています。ここでは時代背景、社会背景など様々な条件を外して、生き物として持って生まれた男性と女性の違いを述べたいと思います。

もともと女性が持っている「母性愛」とは自分の子どものために自身を犠牲にできる愛のことを言います。もっと言えば、自分の遺伝子を持つ自分の子どもだけに自分を犠牲にできるということです。つまり、他人の遺伝子を持つ子どもに対してそれができないのです。これは自分の遺伝子を確実に残すという生き物としての本能です。

次に男性が持つ「父性愛」とは自分の家族のために、または自分が守ろうとするもののために自分を犠牲にできる愛のことです。会社のためにも、他人のためにも自分を犠牲にできます。母性愛との大きな違いは、自分の遺伝子を持っていても持っていなくても守るべきものを守るという本能です。

国会議員の秘書が自殺するのは父性愛のためです。女性は仕事のために自殺することはありません。男性と女性との違いはここで出てきます。

つまり母性愛の対象は「自分の子ども」に対してだけなのです。それに対して、父性愛の対象は「子ども」と「奥さん」と「他に守るべきもの」が対象となります。父性愛のほうが対象は大きいのです。だから父性愛はその中に母性愛も含んでいるのです。

しかし、これは偉いとか、いいとか悪いとかの差別ではなく、男性と女性の区別なのです。社会的に、後天的に身についた男性と女性の違いではありません。生き物として生存するために生まれ持った本能だから仕方ないのです。こういったことを前提として認識しておけば、もう少し男女の見方が違ってくると思います。

母性愛は直接手をかける子どもだけに限定されるため、そこだけしか見られなくなります。恋人時代や新婚時代は彼氏・夫に存分な愛を注ぎ、彼氏が可愛いとまで思う女性は多いものです。しかし、子どもが生まれてからは急に夫が疎ましくなるのです。守るべき一番重要な対象である子どもができたことで、そこに集中しようとする本能から、他には愛情が注げなくなってしまいます。

子どもが生まれてから奥さんは子ども一筋に変わり、男性は子どもが生まれても、奥さんと子どもに愛情を注いでいる……。しかし、一向に振り向いてもらえない……。同じような経験が思い当たる既婚男性、既婚女性は多いのではないでしょうか？

たまに精神的に成熟していないまま大人になり、子どもよりも異性のほうを大事にして、そちらに走る母性愛よりも自己愛が強い女性もいます。そんな例外もたまにはありますが、多くは女性にとって子どもが一番大事なものになるのです。

女子力と男子力 子孫を残すための本能

そもそも女子力って何だと思いますか？　料理が上手とか女性らしさを磨くという風に捉えられていますが、女子力の本質は「男性を騙すテクニック」です。どういうことか説明しましょう。

実は「女子力」と「女性力」というものがあります。女子力とは、いかに自分に男を惹きつけて、振り向かせるかという能力のこと。だから付き合うまでは「女子力」がものをいい、付き合ってから重要になるのが「女性力」です。違いが分かりましたか？　美味しい料理が作れるということも男性に披露するのは付き合ってからです。付き合うまでは男性もその女性が料理上手かどうか分かりませんから料理は女性力に含まれます。

本当の女子力は「相手にいかに自分を印象付けるか」です。一番分かりやすい女子力はボディタッチですね。ボディタッチされたらその女性を気にならない男性はほとんどいません。もともと人は嫌いな人には触りませんから、ふと触られただけで「俺に気があるのかな？」と男は騙されてしまいます。もちろんネイルやおしゃれして女を磨いてることなども男性を惹きつけるテクニックですから女子力に含まれます。付き合う以前に必要となってくる、獲得したい男性を惹きつける能力が女子力です。

付き合ってから重要になってくるのが女性力で、優しさ、料理が得意、思いやりがあるなどの心の問題になってくるのです。これがあるかどうかで男性は結婚するかどうかを検討し始めます。だから恋愛以前から恋愛初期に必要な表面的な問題が「女子力」で、付き合ってから、結婚してから大切になってくる本質的な要素が「女性力」ということです。

女性は「女子力」だけじゃなく「女性力」を磨くことも忘れないでくださいね。

ではあまり聞かない「男性力」というものはあるのでしょうか？　ちゃんとあります！

もともと文明が発達する前の人間の生活から男女関係は変わりませんから、原点回帰して考えましょう。原始生活の狩りに例えれば、先ほど言ったような女子力は「罠猟師」です。自分から動かず、罠に引っかかるのを待つ力です。男性力は鉄砲や槍を持って狩りに出向いて「獲物をたくさん獲ってくる力」のことをいいます。

たくさん獲ってくる男はＤＮＡが素晴らしいですから、そういう男性がモテるのです。現代でもやはりお金をより多く稼げる男性が女子からモテていますよね。「財布の厚さと財布の緩さ」、男性はこれに尽きるのです。それと「女性にアタックする力があるかどうか」も男性力です。いくら女性が、気があるそぶりを見せても、男性のほうからそれに応えてアタックできなければ、女性はもうその男性を見限って途端に興味が無くなります。

人間の本質として、女性には「自分のＤＮＡだけを確実に残したい！」、男性には「自分のＤＮＡをより多く残したい！」という本能があるのです。先ほどの母性愛と父性愛とも通じます。

だから「女性にアタックする力」を持つ男性がモテるのは、その男性の子どもを生めば、その子も女性を獲得できやすいため、自分（母親）のＤＮＡを残すという確率が高くなるからなのです。またそういう強い子を生んで生き残る確率を高めたいというのもあります。いずれも「自分のＤＮＡだけを確実に残したい」という女性の本能がなせる技です。

ライオンの群れのボス（オス）が他のオスに負けたら、その群れは元のオスを捨てて、メスは勝ったオスについていきます。残酷ですが、これと同じです。

また男性が浮気をするのは「自分のＤＮＡをより多く残したい！」という本能が原動力になっていますので仕方がない面もあるのです。もちろん、そういった本能より倫理観・道徳観が勝る男性は浮気しません。あくまでもこれは魂に刻まれた本能の話です。

もうひとつは、結婚したら女性は男性が安心して帰ってこれる港になることです。そうすれば男性は気の迷いで他に目移りしたとしても必ず奥さんの元に戻ってきます。男性も家庭に不満があるから外に出て行くのです。家に帰るとグチグチ文句を言われたりして家が休める場所で無くなった時に、帰りたくなくなって他に行こうとするのです。安心できるとか、癒されるとか、居心地がいいなど、家庭に満足していれば他の女性に行く必要がないので男性は浮気しません。

話の聞き方、例えば相談がある場合にも男女では大きく違います。女性はただ話を聞いて欲しいだけで解決策を求めていません。相談をただ聞いて共感して欲しいのです。一方男性は、解決策を求めますので、悩みを相談されると解決策を提示してしまいがちです。

そうすると女性は分かってくれていないと不満を持ちます。「そうだよね〜」「わかる〜」という共感が欲しいだけなのです。

つまり、「自分を正当化したい」のが女性であって、「自分をより良く成長させたい」のが男性なのです。ここをお互いに踏まえた会話や接し方をすれば、理解しやすくなります。こういう本能を知っておけば、双方のすれ違いも無くなるのですが、なかなか難しいようです。

このように男女は大きく違いますが、もともと霊界にいる時は、魂に男女はありません。男女などなく同じ魂です。魂に地位などもなく全員一緒のレベルにいます。人間として生まれる時に男性か女性に生まれているだけです。輪廻転生することで男性や女性になって様々な経験をしながら人間として成長していくようになっているのです。ただし、みんな男女を半々経験しているのでもなく、男性のほうを多く経験している魂や、女性のほうを多く経験している魂もあります。

デジャヴや夢って何？

眠っている時に何をしている？

夢か現かよく分からない感じで、「あっ！　この光景見たことある！」という現象がたまに起こることとありますよね？　いわゆるデジャヴといわれるものです。

これには三つの原因があります。ひとつは以前夢に見た光景と似たような光景が今目の前で起こったことで以前見たことあるように錯覚すること。もうひとつは以前現実に見た光景と極めて近い光景が現れて、以前も見たことがあると錯覚すること。こういった同じようなことがもう一度起こることはたまにあるのです。ただその記憶がはっきり残っていないため、以前現実に起きたかどうかもあやふやになっているのです。

それともうひとつが、人生計画で決めてきたことが今目の前で起こり、これはどこかで見たことがあるかも？　みたいにうっすら思い出すということがあります。

この三つのうちでどの原因によって引き起こされたかは、その時次第、その人次第ですので特定はできませんが、人生計画で立ててきたことが起こったことで既視感を感じたという場合は、今後の人生の参考にはできそうです。

しかし、デジャヴが起こったから今進んでいる道は間違っていないというわけではありません。人生計画ではあらゆる選択肢とそれを進んだ先のあらゆるパターンを決めてきていますから、デジャヴが起こってもそれが正解とも言えません。

しかし、それがいいことだったら、人生計画で決めてきたいいことが目の前で起こっているということですから、その道に来たことは後悔しなくてもいいと思います。いい知らせと受け取っていいのではないでしょうか。

その程度の参考に留めておいたほうがいいですが、うまくデジャヴも人生に活用できたらいいですね。


では似たようなものに夢もありますね。よくその日起きたことの整理を行っているとも言われていますが、それも正解です。確かにその日に起こったことを大きく影響を受けた夢を見ることもありますから、それは確かに現実からの影響の夢です。脳の情報整理的機能を持った夢といえます。

もうひとつ、夢にある側面が、霊体の記憶からやってくる夢というのもあります。就寝時は、覚醒時よりも脳の活動が抑制されていますから、霊体の記憶にアクセスしやすい状態でもあります。夢に出てくるものが、前世の記憶から来た前に見た光景かもしれませんし、霊界にいる時に立てた人生計画が夢に出てきていることもあります。この場合の夢は、うまく活用すれば、生きるためのいいヒントになります。

そのためにも気になる夢を見た時は、ノートにメモしておくといいです。夢は起きるとすぐに忘れてしまうものですから。夢日記をつける人がいるのも決して無駄なことではないのです。

人生計画に沿って生きるには？ どうすれば決めた道に戻れるか？

霊界にいる時に人生計画を立てて、成功する道、失敗する道、あらゆるパターンとあらゆるルート、もし道から外れても本筋に戻る道までも決めて、あなたはこの世にやってきました。

しかし、それは最初から決められた運命ではなく、全ての選択を用意してやってきたに過ぎないのです。あなたが今いる状況は、全ては今までのあなたの選択の結果です。そこに神様は介在していません。

今あなたがいる状況を誰のせいにもできないし、運命のせいにもできないのです。頑張ってきた人にとっては喜ばしいことかもしれませんし、ただ漠然と過ごしてきた人には残酷だと思われるかもしれませんが、これが真理です。

もしかしたら、今まであなたはこう思っていませんでしたか？　人生は大いなる力によって動かされているし、幸運も大いなる力によってもたらされている。災いも大いなる力から罰のように与えられていると。

神仏のエネルギーは、ちっぽけな存在である人間のことなど見ていません。もっと大きな方向に意志を向けています。自然の摂理に沿うものは応援し、自然の摂理に背くものは排除されるということです。

人間も成長しようという意志を持つものは自然の摂理に適っているということ。成長しないものが、どうなるかはもう明白です。人間には成長して欲しいと願っているのです。

しかし、残念なことに「引き寄せの法則」などを信じている人は意外と多いものです。引き寄せの法則とは、ただ願っているだけで、それを得た気分を味わっているだけで、現実が願い通りに変化して願いが叶ったり、そういう人やモノが向こうからやってくるという夢のような法則です。

こんなものがあったら楽でいいかもしれませんが。でもあるわけがない！

何の努力をしなくても夢が叶いますから、どんな人にも耳に心地よく、簡単だし、誰にでもできますから、多くの人の心を惹きつけているようです。

しかし、私はそんな「引き寄せの法則」なんか無い！　と断言します。そこには「いかに楽をして、いい思いをするか？」しかありません。いかに自分の力で成長しようという人が少ないものかと残念に思います。

ただし、自ら夢を叶えようとか目標を達成しようと努力する人には、そういう「引き寄せ」は起こるとも言っています。万物は成長を目指すものです。「もう自分は完成した！」とあぐらをかいた時点でその人は終わりです。何歳になってもこの人生での学びは続くものですから。

何もしない人と、行動する人には、大きな差があるのです。

ここで、人生で一番大切な秘訣を言います！　それは極めてシンプルです！

「行動しなさい！」

ただそれだけです！　拍子抜けしましたか？　でもこれが全ての基本です！

行動すればあなたのスキルは上がります。スキルが上がればチャンスが増えます。自分が行動するから引き寄せが起こるのです。それは神様が起こしたのではなく、あなたが行動した結果です。あなたがスキルアップしたからできることが増えて、可能性や選択肢が広がったのです。

チャンスの神様には前髪しかないとよく言われますが、これからやってくるチャンスを掴むために、その仕事に必要なスキルを身につけておくこと。それがチャンスの神様の前髪を掴むということです。またスキルがあれば、危うく見逃してしまいがちなチャンスも見つけられるようになります。

チャンスを掴むためには、スキルが必要なのです。またスキルがなければ目の前にチャンスがやってきても掴めないのです。あなたにチャンスがやってこないのではありません。あなたにスキルが無いからチャンスを掴めないのです。

もし今、人生計画で決めてきた理想の道から外れていると感じている方も、本筋に戻るには「行動する」ことしか方法はありません。なぜなら、たとえ外れても戻るルートはあなたが作ってきているのですから必ずあるのです。どれだけ逸れているかによってかかる時間は違うかもしれませんが、諦めなければきっと戻れます。

何かを極めるほどにスキルを磨けば、それは魂の記憶（潜在意識）に残ります。お金や脳にある記憶（顕在意識）は死んだらあの世にまで持っていけません。持っていけるのは魂に刻んだ記憶と経験と能力だけです。これが、あなたがあなたに残せる財産であり、霊界まで持っていける財産です。

「行動して、スキルを磨きなさい」

「自分にはできないと諦めるより、やってみて失敗しなさい！」

それが来世に繋がります。よくたくさんお金が欲しいという人がいますが、お金が入ってこないという不満の原因も、あなたにスキルが足りないからです。スキルを上げれば収入も増えるのです。スキルを上げようと行動する途中では、あなたにスキルが足りないために、失敗はしますが、失敗することであなたに何が足りないかが明確になります。失敗の原因が分かります。失敗したほうが自分の将来のためになります。あとはその足りないスキルを身につければいいだけ。こうして成長していけば、必ずあなたにお金がついてきます。

だからお金を追わずに、スキルを追えばいいのです！

お金はあの世に持っていけませんし、生活に困らない程度にあればいいぐらいの認識でいいと思います。あの世に持っていけるのが魂の記憶に刻まれるほどのスキルや経験です。
お金に好かれる習慣と言われるものがいろいろあります。はっきり言って、お金には意思がありません！　お金が人を選んで寄ってくることなんてありません。ただの印刷された紙です。この本質も全て「その人が行動するから」という原因によってお金が入ってきているのです。

高い財布を買った人は、その分だけもっと高い収入を目指そうと仕事を頑張るからお金が入ってきます。トイレを掃除する人、部屋を綺麗にしている人には幸運が舞い込むというのも、掃除する人は当然行動力があるからです。お金を揃えて財布に綺麗に入れている人は、お金を粗末にしないし、それだけの気配りができるから当然仕事もうまくいっています。だから資産が増えるのです。それも全て「行動するから」という原因によってです。

あとは自分の価値を認めることです。自分の価値を認めていない人（自分の価値を信じられない人）はやっても無駄だと思うから行動しないのです。だから必要なのは、自分も頑張ればスキルが上がると信じることです。そして、収入が増えたからといってそれ以上に支出を増やさないこと。当然ですが、これがお金の貯まる秘訣です。

始めたからといってすぐに成長は目に見えません。それでもコツコツ前進を続けていれば、きっと誰かに褒められる時が来ます。その時にグッと成長曲線は伸びるのです。褒められて、自分に自信が出てさらに頑張るようになる。これだけ承認欲求とは大事なものです。

この石を身につければ金運が上がります！　この場所に行けば開運します！　はっきり言って、そんなものはありません！

現実世界にも、見えない世界にも全てファンタジーは無いのです。どれもシンプルで、現実的で、辻褄が合って、当たり前の原因からそうなっているだけです。

原因があって、結果がある。

あなたを守るのはあなただけしかいない。あなたの未来を切り拓くのもあなただけ。神様でも、仏様でもなく、あなたがあなたを助け、あなたという人を作るのです。

大丈夫です！　一生懸命に生きていたら必ず使命にたどり着きます。使命を見つけるためには大変なことが誰にでも起こります。それを乗り越えるからこそ見つかるのが使命というもの。楽しようとか、怠けようという考えでは、あなたが決めた道から外れていくだけです。

今、あなたの前に立ちはだかるかのように現れた壁。その壁もあなた自身が霊界で設定してきた壁です。あなたが作った壁だから、乗り越えられないことは絶対にありません。それを乗り越えるからこそ得られるスキルがあるのです。そのスキルを身につけるためにどうしても必要だからあなたが設定した壁なのです。

どうか、逃げないで、あなたを信じて、立ち向かってください。

徳を積むとは？　魂を輝かせるためにできること

よく人を評して、徳の高い人や徳が低いとかいうケースがあります。この場合の徳が高い人とは何でしょう？　徳とは宗教家に対して使われるケースが多いのですが、言語的には「人格的に優れている人」を指します。

では、人格が優れているとはどういう人でしょうか？

器の大きい人、善行を行う人、人に尊敬される人、ということになります。では、どのようにすれば徳が積めるのでしょうか？　一番簡単な方法は「情けは人の為ならず」という認識を持って生きることです。

最近では、「情けをかけるのはその人の為にならない」という風に誤解されていますが、情けは巡り巡って返ってくるものだから、人に情けをかけるのは自分の為である。というのが本来の意味です。

恩を着せないこと。困っている人を助ける。人の楽や自分の楽を目的に行うものではないのです。

なぜ、情けは自分の為になるのでしょうか？　考えればすぐに分かることです。いつも自分本位で、自分勝手な人がもし困っていたら、あなたはその人を積極的に助けたいと思いますか？　一方、いつも人に親切な人が何かで困っていたとしたら積極的に助けようとしませんか？

徳を積むとは、本来その人がやらなくてもよいことを善意で行うことです。誰かに評価されなくても善意で行うと清々しい気分になれます。その上、周囲からの評価が上がります。

見えない世界では、徳を積むことにより魂の輝きが増し、その輝きに引き寄せられるようにラッキーなことが舞い込むのです。来世の自分がプラスに動くためのエネルギーが大きくなったり、今世においては良い方向に進むためのサプライズになったりします。

例えば、何かしてあげたいという思いから、タダで人に何かをやってあげていたら、その人からではなくても、他の人から「安く高級車が手に入る方法を教えてもらって得をした」などという形で徳が返ってくることはよくあります。

注意すべきは、良い行いをしても、相手へ恩を着せたり、見返りを求めたりすれば、それは徳にはならなくなります。要するに、困った人がいたから単に助けた。それ以上でもそれ以下でもないことが徳を積むことになるのです。つまり陰徳を積むということです。

この徳を積むためにも普段から江戸の「繁盛しぐさ」を身につけて行動すれば自ずとそうなっていきます。

美しく、粋に生きるために
江戸の商人の知恵「繁盛しぐさ」を今こそ!

これからの世界をリードする可能性が日本人には秘められています。

どうやって世界をリードできるか？　それは人としての振る舞い方の規範を日本人がもともと持っていたから。振る舞い方だけではなく、言葉づかいにもありました。かつての江戸にはそういった人に対する振る舞いや心配りの手本となるものがあったのです。特に江戸の商人にとって一流になるための規範が「繁盛しぐさ」と言われるものにはありました。「傘かしげ」や「こぶし腰浮かせ」などは今でもよく知られています。

「繁盛しぐさ」と言っても、商売の規範だけではありません。人として生きる規範といったほうがふさわしいです。人に好かれる行い、人が憧れるような行いも「繁盛」の範疇に入るのです。

例えば、「傘かしげ」とは、雨の日に傘をさして往来時に人とすれ違う時、相手が濡れないようにお互いが外側に傘を傾けてすれ違うという相手への心配りがある振る舞い方のことです。相手の傘がぶつかって破かないようにさっとすれ違うという気配りもここには含まれています。今こういう振る舞いができる方は日本でも少なくなったのではないでしょうか？

よく「喧嘩は江戸の華」だとも言われますが、この「喧嘩」も少し意味が違うのです。現在の喧嘩は、相手が悪いと責め合うことから喧嘩が始まることが多いものです。しかし、江戸では何かの揉め事の原因をたどれば、「俺が悪い！」「いや、俺のほうが悪い！」と自分が悪いという「身の引き方」をお互い取り合うようなことから喧嘩は始まったのです。自分が一歩下がる、相手を立てる、それが何よりもかっこいいという価値観が江戸にはありました。粋か野暮かという価値観ですね。そんなかっこよさ、生き方の美しさを取り合うことから喧嘩が始まっていました。人の生き様にも美的感覚があふれていたのです。だから喧嘩が華になるのです。今の喧嘩では華になりません。自分だけ良ければそれでいいという自己中心的な考え方が、日本にも世界にもはびこっています。これは人間にとって、世界にとって危機です。このままではお互いに攻撃し合い、行き着く先は文明の滅亡まで進行することでしょう。

些細な日常でも、マスコミやSNSで人々は批判したり、叩き合いばかりやっています。大きなものでは戦争・紛争やテロも未だにどこかで必ず起こっています。地球環境破壊も進むばかり。これらは極めて悪い流れです。

遥か遠い過去にも今と同じくらい発達した文明はいくつもありました。しかしその高度な文明でも何度も滅びて、また一からやり直して今の文明ができたのです。また同じような過ちを阻止するには、人としての心構えを今改めることです。

陰陽の章でお話したことを覚えていますか？　物質世界が始まった源である陰と陽のエネルギーが、今人間という姿をもって、日本人として生きていると。なぜ人間として日本に現れたかという理由も実はここにあったのです！

世界中の人間の意識を改めるために、果たしてどの国に生まれたら一番効果的に変えられるか？　それを鑑みれば、かつてそういった知恵を持っていた日本人が世界の中で一番受け入れる可能性が高いから。そんな日本で「繁盛しぐさ」を普通にできて、それをまた現在に広められるような人が10人出てきだけで世界は変わります。

今迫った危機は、すでに黄色信号ではないのです！　もう赤信号という状態まで行き着いていています。そのために陰のエネルギーが人間として現れ、一人ひとりが変わるように気づかせようとしているのです。

もう一度言います。このままだと人類の文明は再び滅びます！　もうその予兆は世界のあちこちに見当たるはずです。すでに危険なラインまで迫っています。

人間のほうにその準備ができていないのです。

破滅に至るおおもとを辿れば、一人ひとりの心の中に原因があります。「感謝の心がない」「悪の心」「身勝手さ」「自分だけ良ければいい」「人のせいにする」「自己責任を負わない」「相手への思いやりがない」「ズルをしよう」「怠けたい」「自分だけ楽をしたい」こんなことから争いは始まり、破滅へと向かうのです。

だからスタートは、「世界の人が真似したくなる生き方」を日本人がやってみせればいいのです。やりなさい！　と説いても人はやらないのが常です。しかし、言わずともかっこいい姿を見せるだけで、そんな背中を見せるだけで、人は勝手にその人に憧れて、真似するものです。これが一番良いやり方であり、すんなり人が受け入れる方法です。

秘訣は「かっこいいに従え」です。

そんな価値観が自然発生的に広まるのが一番です。日本が変われば、世界が変わり、地球が変わる。ますます真似する人が増えてくる。

でも、その振る舞いが「いい」か「悪い」かという価値観ではダメです。善悪は人によっても、国によっても、教育によっても違います。だからいいか悪いかで広めようとしては必ず失敗します。

何より間違いのない価値観は「かっこいいか、かっこ悪いか」です。そこには敵がいないのです。魂に刻まれた判断基準も、かっこいいかどうか、人に憧れられるかどうかです。「かっこ悪いことはしたくない！」これが心の中でブレーキとして働くのです。

これなら幼い子どもでも分かります。「こうしたらいいよ、こうしたら悪いよ」と子どもに注意しても、いいか悪いかではまだ経験が少ないのもあって、なかなか判断できません。でも「こうすればかっこいいよ、こうしたらかっこ悪いね」と導くだけで、子どもは喜んでかっこいいと言われるほうを選びます。

人のものを盗むのがいいか悪いかと問えば、中には悪くないと主張する人は出てくることでしょう。自分を正当化したり、人や社会などのせいにするからです。でも人のものを盗むのがかっこいいか？　と問えば、胸を張ってかっこいいと主張できる人はいないでしょう。

いじめも同じです。いいか悪いかで責めれば、相手のほうが悪い、相手のほうが先に自分に仕掛けてきたなどと言い訳する人は必ず出てくるものです。でも、いじめるのがかっこいいか？　かっこ悪いか？　と本人に聞いてみれば、おそらく全員下を向くはずです。もし、本人が意地で認めなくても心の中では葛藤しています。そんな時は「あ～そうなんだ！　君はかっこ悪いことをしたんだね。君がそれでいいんなら勝手にすればいいんじゃない？」と突き放せば、きっと本人は変わり始めます。かっこ悪いと相手に認められたら、かっこ悪い状態から脱したいと思うのが人間ですから。

このような面からも、生きる規範を「かっこいいかどうか？」「粋かどうか？」に置くことが一番間違いありません。

そんな規範がたくさん詰まった、江戸の「繁盛しぐさ」をお手本にすればいいのです。日本中に「北海道しぐさ」「関東しぐさ」「関西しぐさ」「九州しぐさ」「日本しぐさ」でも何でもいいから、それぞれかっこいい生き方を見せてあげればいいだけです。

そんな人が日本に10人以上出てくるだけで、世界中の人から憧れられるようになりますよ！「日本人って生き方がかっこいいね」と。これが本当の「粋」であり「クール」だと思うのです。

私がいつも見ているのは「どうすれば、その人が良くなるか？」「その人がやるか？やらないか？」ただこれだけです。そして、これが私の役目。

どうですか？　あなたは準備できていますか？

第五章

この真理を未来に残したい

エピローグ 来世の私へ贈る

園田友紀です。いかがでしたか？　S爺からのお話はここまで。ここからまた私がバトンを受けます。S爺はこれだけたくさんの話を私にしてくれましたが、最後にこう言ってくれました。

「どうだった？　全て単純でしょ？　真理ってホントのところ、そんなに難しくないんだよ。ごく当たり前のことばかり！」

「今、間違ったことを平気で教えているスピリチュアルの人達が増えたのも、生きていくことの基礎的な知識が欠けてるから、ミソもクソも一緒になってるんだよ。友紀ちゃんが、本当のことを世界中のみんなに伝えて、気づかせて欲しい！」

まさにその通りですね。今までのスピリチュアルにはベールに隠された神秘的な面やファンタジー、夢のような話が多かったですが、S爺の話はとても現実的で夢のような話は一切ありませんでした。まさに、この世とあまり変わらないものばかりでしたね。

S爺からはこれ以外にも膨大な量のお話を聞きました。その様子はまるで人類のデータベースから情報を引き出してくるかのようでした。S爺でも分かるはずがない質問をしても的確に答えを返してくるのです。本書に収められなかったお話はまた次の本を書く機会があればお伝えしたいと思っています。

人は何のために生きるの？　それが知りたくてS爺に相談していくうちに、見えない世界のしくみがどうなっているのか、そしてどんな関係でこの世が存在しているのか教えてくれました。本当はS爺は見えない世界のことを教えたかったわけではなく、今をどう生きるか？　について教えたかったのです。

本当に見える人は、見えることを人に言いたくないものです。見えることが当たり前だし、一から説明するのが大変だから。

「S爺、見えない世界のことを教えてよ！」

「やだ！　めんどくさい！」

そんな風に最初は、霊界の全てを教えることを嫌がっていました。今まで誰も本当のことを教えている人がいなかったから、説明するだけでも膨大な時間がかかるからです。これまでの間違った見えない世界の捉え方も正さないといけないからです。でもこれを知らなければ、この世の真理も分かりにくくなってしまうから、しょうがないなと重い腰を上げるように教えてくれたんです。

つまり、生きることを知るには、死のことを知らなければいけない。そうでなければ、生の真理は理解できないのです。

あの世のためにこの世があるようなもの、この世のためにあの世はあるようなものなのではないかなと今思っています。どっちがメインでもなく、どちらもメイン。その両方を行き来するのが私たちの魂だから、このことを知ってほしくて本を書こうと思いました。

霊界にいる時、全ての人生計画を立てて、私たちはこの世にやってきた。

一度出会ったということは前世でも何かの縁があった人。あなたが嫌いだったあの人とも来世では親友かもしれない。家族になっているかもしれない。そのために必要不可欠な経験として「反発する関係」を今世で結んでいるのかもしれませんよ。そう思えば、少し相手のことを理解しようという気持ちが現れてくるのではないでしょうか？　無理をしてでも仲良くはしなくてもいいけれど、どうせなら今のその関係から何か学べないかと考えるのがあなたの成長のためです。

あなたは成長するために生まれてきました。
そのために輪廻転生を繰り返すのです。

人類が良くなるために、地球が良くなるために
あなたが必要で生まれてきたのです。

どんな人でも、何かを成し遂げられるからこそ生まれてきました。
紛れもなく誰もが可能性に満ちています。
何かの役割があるから、必要であるから、あなたがそこを担ってここへ来たのです。
あなたが書いた人生計画にそう書いてあるはず。
脳の記憶は残ってなくても、魂の記憶にはちゃんと残っています。

私がいつか、今の私と別れを告げた後、今の私を忘れて次の私になった来世では、また
ゼロからのスタートです。

新たな人生において、困難を感じる時、この本は救いになるかもしれません。
なぜなら、この本の知識があることで私は救われたのですから。
今世の私から来世の私へ、この本のすべてを贈ります。

おわりに

最後までお付き合いくださいましてありがとうございました。

人は、どこからやってきて、どこに行くのか？

私は、私という存在があるうちに、この命題についてつまびらかにし、記録して、来世に残したいと思いました。その最善の手段が書籍だと考えたのです。デジタルデータでは残るかどうか危ういものですが、紙の本なら何百年も残すことができるからです。それだけの価値がある本が書けたと思っています。日本だけでなく、世界を探してもここまでの見えない世界の事実を明らかにした書籍は存在しないのではないでしょうか？

だから、どうしても本にしなければ！　という使命に駆られたのです。生まれ変われば、今の記憶はリセットされ残っていない可能性が高く、来世でまたS爺と出会えて再び教えていただくこともおそらく無いからです。この知識は今世限りのギフトなのです。

「S爺って、何で全てのことを知ってるの？」

「死んだことがないのに何で霊界をここまで細かく説明できるの？」

この本を読んでそんな疑問を持った方は多いのではないかと思います。たとえ霊能者といえども、ここまで知っているのが不思議ではないかと。だから最後にS爺がどんな存在なのかという謎を解く二つの鍵をヒントとして残します。

その答えは、この本のどこかに確実に書いていますから、あなたが探してください。

あらゆる神仏のエネルギー体がS爺のもとに相談に来るということ。

S爺はもう次は人間として生まれてこないだろうということ。


もし、答えを見つけたら、私と答え合わせができると楽しいですね。

S爺の正体を知った時、今目の前にS爺がいること、S爺が話してくれているということがとても貴重であることを改めて気づきました。これはごく限られた人にしか与えられなかったチャンス。きっとこんな機会は今しかない！　もう二度と次なんてやってこないんだ……。

今生きている人達との出会いは一期一会。来世ではもう二度と会えないかもしれない人もいるはず。本当にこの大切な出会いを宝物にしたいと思っています。天文学的な確率でしか出会えない人達ばかりですから。

最後に、なぜS爺が見えない世界のことをここまで知っているのか？　という理由をここで話すということも考えたのですが、あともう1冊本ができるくらい長い、長いお話になりますので、それは直接私かS爺に会って聞いてみてください。全国で講座を開催していますので運が良ければ教えてくれるかもしれませんよ。

本書を出版するにあたって多くの方々にお世話になりました。

S爺をはじめご協力いただいた皆さんに感謝の意を表したいと思います。

ありがとうございました。

令和2年8月

園田友紀

巻末ロングインタビュー

S爺はいかに、S爺となったのか

1995年2月、大分県の津久見市に生まれました。甲子園で有名な津久見高校の出身です。

父は地元の菅原鉄工という所で、経理の仕事をしていました。たしか、役員まで行ったと記憶していますが、それほど裕福であったわけではありません。ごく普通の一般家庭です。

父の趣味は謡曲で、大分の田舎では珍しい風流というか粋なものをやっていましたね。

徴兵はされましたが、戦地には赴いておらず、大分の駐屯地に通信兵として所属していたそうです。もう少し戦争が長引けば、どうなったか分からない。命拾いをしたといえます。ちなみに、この大分基地は、日本敗戦の8月15日、玉音放送の後、宇垣纏中将が部下と共に沖縄へ特攻機部隊を編成し飛び立ったところです。

子どものころから霊能力とか霊感といったものには全く興味もなかったですし、そういった能力や傾向もありませんでした。父の実家が大分県の三重町だったので田舎に帰った時に人魂を見たことはありましたけれど。これ自体は、当時普通のことでしたね。

高校卒業してからテレビ関係の専門学校に入りました。今はなくなりましたけれど千代田テレビ電子学校です。

入学してからまもなく、フジテレビの子会社のフジポニーでアルバイトとして働きました。番組制作のADです。ラッキーなことに、とりあえずは、自分のやりたい仕事には着けました。担当した番組は、欽ちゃんが司会をしていたオールスター家族歌合戦とかフジの看板番組でもあるかくし芸大会とかでした。

当時AD同士の会話といえば、いかに寝てないか、といったような睡眠時間の短さの競い合い。いまで言えばブラックそのものの、じつに過酷な現場でした。当時は社員証などを見せる人もいなかったので、スタジオのあった河田町のビルにはほとんど顔パスで行っていました。辛くはありましたが、とても楽しい日々でした。

仕事は1年半近く続きました。その間、学校にはほとんど通っていませんでしたが、一応現場で学んでいたわけなので授業の単位はいただいていました。それで、無事卒業できました。

卒業してからそのフジポニーにずっと勤めていたかというと、ある理由があって辞めることになりました。

一緒に仕事していたＡＤが、あまりに過酷な仕事のため何人も辞めていきました。このままでは人手が足りない。当然、仕事は回りません。上司に掛け合い、何とか人数を増やしてもらえないかとお願いしました。しかし、上司の返事は、このままの体制で行く、というものでした。それだと、仕事にならない。もう限界です、と応えたところ、明日から来なくていい、とその場でクビになりました。

当時のテレビ制作の現場は、上が白と言えば白、黒と言えば黒といった世界で、ノーという応えは許されない。言うなれば奴隷と同じです。いや。奴隷の方がまだ扱いは良かったかもしれないですね。

そこからいろんな仕事を転々とするわけです。

数年やると何か違うな、この仕事じゃないな、といったことの繰り返しで色々とやりました。

テレビのＡＤの仕事を辞めた後、最初に勤めたのは埼玉の建設関係の会社でした。

そのころ、結婚したのですが、カミさんのお父さんがその会社の工事部長やっていて、ここにお前も来ないかと誘われたのです。営業の仕事です。全く営業経験がなかったのですがとにかく入社することにしました。

その会社は建設会社としては小規模で、当時、年商が７８００万円程度。営業については、先輩の指導のもと文字通りいろはから教わりました。その会社が営業対象にしていたのは、民間から官公庁。特に住宅供給公社をターゲットにしていました。私は毎日のように、公社の担当部署に通っては顔を売っていました。手みやげを持っていったり、愛想をいったり。しごとの話はしませんでした。

そういったことを続けていくうちに、少しずつですが、その部署の部長にも気に入られるようになりました。ある時、部長から花見に誘われて行ってみると、そこには他の業者がいませんでした。不思議に思ってたずねると、今日は仕事じゃなくて身内だけの集まりだから、と言われたこともありました。

とはいっても、最初はほとんど仕事にならず、無料で見積もりの作成を手伝ったり、いろんな要求に応えたりしていくうちに、だんだんと信頼を得ていたんだと思います。半年経った時、突然指名業者にしてもらいました。普通この業界ですと、官公庁から指名を獲得するには、名刺を配って

5年と言われていました。それが半年ですから、他の同業者はかなり驚いていました。あの新参者がどうやったんだ、と反感も買いました。そして1年後には発注を受けることになりました。

そうなると、周りから総スカンです。他社からの引き抜きもありました。今の倍の給料を出すからウチに来ないかと。当然ですが、カミさんのお父さんの勤める会社にいて、それを裏切るわけにいきませんから断ります。この会社を辞める時はこの業界を去る時だ、との思いはありました。

入社から3年経ったときには、売り上げが9億8000万円まで伸びました。私が勤め始めたときの10倍超。この業界は、大体年商12億円まで行くとうまく会社が回り出し、さほど無理しなくても運営していけるのです。そうですから、私は社長に12億まで売り上げを目指しましょうと進言しました。しかし社長は、今のままでいいじゃないかと、度重なる私の進言に耳を貸してくれません。3カ月間そういったやりとりが続いた結果、社長が、このままではどちらかが辞めるしかないな、と切り出しました。そんなことを言われれば、私が辞めるしかありませんよね。じつは、その5年前に社長の親戚が入社して私の部下になっていたのです。彼もそこそこ仕事ができるようになっていましたし、私が辞めても仕方がないか、くらいに社長は思っていたのかもしれません。身内と外様でくらべれば、当然ですが身内の方が大切ですから。

その建設会社を辞めた後は印刷会社に移りました。

建設会社にいた当時ですが、ご縁があって有隣会というメンバークラブに入れてもらいました。その会は有名企業の社長や役員、名士の方々をはじめ錚々たる人たちが会員でした。印刷会社も有隣会のメンバーの方の紹介です。

その会社には2年弱いましたが、また、何かしっくりこない、何か違うなあ、と思っていたところ、たまたま声を掛けてくれた会社に移ることにしました。こんどは、紳士服のオーダー専門会社です。ここの代表も、有隣会のメンバーです。仕事は、スーツとユニフォームの営業。スーツは1着20万円から30万円、ユニフォームは1着10万円程度です。実店舗もなく、高級商材ですから、ほとんどが、紹介営業でした。

この会社も1年弱で辞めてしまいました。理由は飽きてしまったから。社長にも正直に理由を伝えると「飽きてしまったのならしょうがないな」と妙に納得されたのを覚えています。一応、円満退社です。

次の仕事も、やはり有隣会のメンバーの繋がりです。山形県から代議士を目指す人物の秘書でした。

その方の実家は山形ですが、ご自宅は東京都下。私の仕事は、東京での国会議員や官公庁、企業とのパイプづくりです。議員会館にも足繁く通い、ふだん会えない人たちとの知己も得ることができ、刺激的で勉強にもなりました。しかし、その仕事も2年ぐらいで辞めました。さほど給料が良いわけでもなく、小間使いのように使われて体が持たなかったからです。

次に勤めたのは不動産会社ですが、議員会館に通っていたころ、その会長と知り合ったのが縁です。地上げ専門の不動産会社でした。

地方のゴルフ場建設や住宅地の開発に必要な土地をまとめる、といった仕事ですね。特に私の担当はなかなかハンコを押してくれない、面倒で厄介なお客さんばかりでした。規模でいえば、坪数が30万坪から40万坪で、1坪あたり3000円から5000円といったところですから、総額で10億円から20億円くらいでしょうか。

思えば、最初の建築会社の時から営業スタイルは変わっていません。まず、最初から仕事の話はしません。世間話からはじめて、個人的に親しくなる。そして最後の最後で、ようやく仕事の話、といったような流れです。

トラブルが付きまとう仕事ですから、その処理も重要です。

あるとき、お金がらみでヤクザとのトラブルが起きました。上司は顔を出すのが嫌なのか、私ひとりで収めてこいと。呼び出された喫茶店に到着するとヤクザの親分とその子分とチンピラみたいのがズラッと並んでいました。

私を見るなり親分は

「いまここに、1億円耳を揃えて返せと」とドスの利いた声で一言。

私は

「はい、分かりました。いまここに1億円を出しましょう。そのかわり、親分もいまここに1億円を積んでくださいと」と応えました。

すると、親分は

「いますぐ積めって言われても、俺もすぐには積めないなぁ。確かにもう8時だしなぁ。それは無理だわ」と今回はこれで良いと許してもらえました。

ちょうど時期はバブルも終わるころ。それがきっかけとなり、親分に気に入られました。事務所に遊びに来いと誘われ、ちょくちょく組事務所に顔を出していました。九州に作るフロント会社の代表にならないかと口説かれたこともありましたが「何で、いまさらヤクザにならなきゃならないんですか」と断ると「それもそうだなぁ」と苦笑いしたのを覚えています。

この会社には2年間いましたが、私自身、地上げの仕事が辛いと思ったことはありませんでした。ここでも、いろいろな経験をさせてもらいましたしね。ただ、辞めることになったのはバブルの崩壊です。地上げの仕事そのものがなくなりましたから。

その後は、店舗看板などの物販の仕事や不動産関係の仕事を45歳まで続けていました。

30代の後半、2度目の結婚をしました。ブティックの経営者で、彼女の方から結婚を申し込まれてそれを受けることにしました。ちょっとしたエピソードですが、結婚して初めて自分より一回り上だと知って驚きました。もしかすると、これがその後の波乱の予兆だったかもしれません。

彼女とは6年ぐらい一緒にいましたが、けっきょく最後は金銭的なことやその他の揉め事が重なって別れてしまいました。彼女へ降りかかる様ざまなストレスのはけ口として私が攻撃の対象となった部分もあるかと思います。

離婚にいたる前、彼女とは口論が絶えず、ちょっとしたことで彼女が怒って、私に出て行けと怒鳴るようなことが幾度もありました。私は言われる度に出て行く。そうしてしばらくすると、戻ってこいと。それが繰り返され、家を出たり戻ったりしていたのですが、ある時、帰ってきたその日に出て行けと怒鳴られ、流石にそれはないだろうと、私も精神的に参ってしまいました。そして、千葉の姉の家に避難しました。

姉は私の顔を見て死神と貧乏神を一緒に連れてきたみたいだと驚きました。

しばらくすると、カミさんから、私の荷物と一緒に離婚届が送られてきました。それで、離婚にいたったという次第です

最初のカミさんの場合もそうですし、２番目のカミさんの場合もそうで

すが、いちど揉めてしまったら修復することを私はあまり考えません。そこまでいたってしまうと、もう元に戻さない方が賢明です。44歳のころのこの2度目の離婚を経て、私は結婚に向かないんだなぁとつくづく思うにいたりました。相手をそのように追い込んでいるのも自分だし、そういった自分は、はやっぱり結婚は無理なのだ。ひとりでいるのもけっこう好きだということもあり、その後は結婚を考えたことがありません。

姉の家にいたときには、ひと月ほぼ引きこもり状態でした。その代わり料理をはじめ、家事一切を私がしていました。姉には旦那と二人の子どもがいたので、家族のために私が代わりにやっていたというわけです。夜は義理の兄のために酒のつまみを作るなんてこともありましたね。精神的にも肉体的にも疲れきっていたので、外に出ることができませんでした。

姉の家に転がりこんで、ひと月経ったころ、そろそろ社会復帰をしなければいけないなと思い、また不動産の飛び込み営業の世界に戻りました。自分のキャリアから言えば稼げる仕事がこれでしたから。

飛び込み営業の仕事内容は主に団地のお客さんを回って土地を売るといった内容。正直なところ土地を売っていたというよりも夢を売っていたと私は思っています。この仕事は1年ちょっと続きました。

無事社会復帰も出来、落ち着いた日々を過ごすようになった、2000年の5月5日、突然覚醒しました。姉の家に移ってきた翌年のことです。どう説明したら良いのか。スイッチが入った瞬間、全てが分かってしまったのです。自分は何のために生まれてきたのか、自分の中にいったいいくつの人格があるのか、自分の前生は誰なのか、といった諸々すべてです。

その日の夜です。姉の話によれば、突然別な人格が私に憑依して語り出したと言います。私はその時の記憶がありません。

覚醒してからはこんなことがありました。姉の家は臼井駅の近くなのですが、その駅前にミスタードーナツがあります。ふだんから、私はそこでコーヒーを飲んでいたのですが、ドーナツを買うことは滅多にありませんでした。なぜかその日は無性にドーナツが欲しくなり買い求め、家に帰りました。ドーナツの箱をテーブルの上に置くと、2階に上がりました。姉は、珍しいことがあるものだと思っていて、それを見ていたそうです。すると上がったばかりの私が急に降りて来るなり、いきなり、むしゃむしゃドーナツを食べはじめたというのです。そのことを後になって姉から聞いて、私は驚きました。普通の私の人格ではない別の人格のひとつが現れたのだと思います。

車を運転しているときに別人格になったこともありました。八王子の石川PAで休んでいたときのことでした。ダッシュボードに足を上げシートを倒して寝ていました。ふと気づいて目が覚めると、そこは湾岸習志野ICでした。やはり、その間の記憶はまったくありませんでした。

今は人格が野放図に出てくることはあまりなく、自分でも制御できるようになってきました。

霊能者として仕事にするきっかけはこんなことでした。姉がマッサージの仕事をしていたのですが、施術でも、なかなかコリや疲れが取れない。そこで私が浄霊を施すと見事にそれが取れたのです。姉のアドバイスもありこれを仕事にしていこうと、私も不動産の仕事の合間にやることにしました。

当初は1万円という施術料ではじめましたが、それが評判を呼んだので翌年から本業とすることにしました。

その時の肩書は「神導師」です。

姉も霊感の強い人で、以前から1999年に素晴らしい人に出会うということを話していました。それがあんただったのかい、と笑い話のように言われました。

エネルギーの陰陽でいえば、私が陰、姉が陽です。姉は導く人、私は姉が導いた人のお掃除役といったところでしょうか。そういった役割分担が当初からできていました。

２００１年の１月１日から姉と私の２人のコンビで、求めに応じて全国を回るようになりました。

２００３年にはロサンゼルスに３００坪のプール付きの豪邸を借りました。向こうでもそれなりの需要があったので現地でＮＰＯ法人を立ち上げ活動をはじめたのです。けっきょく、日本でもＮＰＯ法人「タマラアソシエーション」を創設したのですが、その後、姉との間での様ざまな局面での齟齬が生じ、袂を分かつことになるのです。私もタマラアソシエーションからは出ることになりました。

姉と一緒に始めたときの目的は何かというと、人類と文明と地球を守ることでした。

ひとりになった私の目的は、荒唐無稽な話になるかもしれませんが、サタンいわゆる悪魔の王を封じ込めることです。じっさい、それを行うためには人が育っていないとダメなんですね。

具体的にどんな人かというと、人を思いやる所作や行動ができる、といったことでしょうか。例えば、日本には粋や無粋という考え方がありますよね。善か悪か、正義か不義かいった価値観でとらえると、かならず敵を生みますが、粋か無粋かであれば、敵を生むことはありません。

私は粋に生きていくことが大切だと、そういう価値観の人間を多く育てることが必要だと思っています。

装丁　浅利太郎太＋稲葉志保
本文ＤＴＰ　システムタンク

園田友紀　（そのだ・ゆき）

1973年、鹿児島生まれ。二十代後半、家族の病気をきっかけにヒーラーを志す。あるヒーリング協会に所属し十数年にわたりヒーラーとして活動するものの、組織の在り方に疑問を抱くようになり、退会。その後、ある霊能者（S爺）を介して天女ヒーリング創始者となり、ヒーラーの育成を行なっている。合同会社YUKIコーポレーション代表。

悩《なや》むことに悩《なや》まなくなる、
たったひとつの方法《ほうほう》

2020年9月23日　初版発行

著　者　園田友紀
発行人　佐久間憲一
発行所　株式会社牧野出版
〒604－0063
京都市中京区二条油小路東入西大黒町318
電話 075-708-2016
ファックス（注文）075-708-7632
http://www.makinopb.com
印刷・製本　中央精版印刷株式会社

内容に関するお問い合わせ、ご感想は下記のアドレスにお送りください。
dokusha@makinopb.com
乱丁・落丁本は、ご面倒ですが小社宛にお送りください。
送料小社負担でお取り替えいたします。